青春叛逆期，父母说给女孩的心里话

王慧敏◎编著

中国纺织出版社有限公司

内 容 提 要

青春期常被形容为"暴风雨"，这个时期，女孩面临生理和心理上的巨大变化，变得迷茫、困惑、不安，需要有人为她们拨开迷雾，而这一责任就落在我们父母身上。

本书不仅是一本送给青春期女孩的书，也是一本送给父母的育女心经。本书包含整个青春期的闺中密事，相信青春期女孩阅读它，可以帮助她揭开青春期的神秘面纱，找到正确的人生方向，进而以乐观的心态、真实的本领去迎接未来的人生！

图书在版编目（CIP）数据

青春叛逆期，父母说给女孩的心里话 / 王慧敏编著.
--北京：中国纺织出版社有限公司，2020.2（2020.10重印）
ISBN 978-7-5180-6883-8

Ⅰ.①青… Ⅱ.①王… Ⅲ.①女性—青春期—家庭教育 Ⅳ.①G782

中国版本图书馆CIP数据核字（2019）第236798号

责任编辑：郝珊珊　　责任校对：楼旭红　　责任印制：储志伟

中国纺织出版社有限公司出版发行
地址：北京市朝阳区百子湾东里A407号楼　邮政编码：100124
销售电话：010—67004422　传真：010—87155801
http://www.c-textilep.com
中国纺织出版社天猫旗舰店
官方微博http://weibo.com/2119887771
天津千鹤文化传播有限公司印刷　各地新华书店经销
2020年2月第1版　2020年10月第2次印刷
开本：710×1000　1/16　印张：12
字数：143千字　定价：39.80元

凡购本书，如有缺页、倒页、脱页，由本社图书营销中心调换

前 言

一天晚上，我和先生翻看从前的相册，看到女儿小时候的很多照片，这时候，我们才突然发现，一晃十几年过去，女儿长大了，不再是那个可爱的小女孩，而是一个亭亭玉立的大姑娘，全身上下无不透露着青春、阳光的气息。成长是挡不住的，看着女儿一点点地长大，我跟先生又喜又忧，喜的是小丫头一朝成人，忧的是路还很长，为人父母的我们，怕她一个人不知道怎么走。

说到这里，女儿十几年的成长史一下子涌现在眼前：从前，她有时像快乐的小鸟，叽叽喳喳地和我们说学校的趣事；有时却又像诗中描写的娇羞的花儿，刻意地避开和自己经常玩耍嬉戏的男孩；有时却又独自躲在房中，静静地写着自己的心事……女儿的世界，我们不再了如指掌。看来，女儿真的进入青春期了。

青春期被称为"花季"，青春期的一切都是朝气蓬勃的，但青春期同样也被称为"雨季"，一不留神，青春期就会出现一些无法挽回的错误。同时，我们的女儿现在正处于升学的重要时期，伴随而来的是沉重的升学压力，这些，都需要为人父母进行疏导。

青春期是女儿人生的第二个重要阶段，是一次新生，女儿将以一个成熟女人的姿态面临生活，但这需要一个过程，也会有无尽的烦恼：同桌男生送来的情书让她烦恼；青春期的一些面子问题让她烦恼；身体发育过程中的一些困惑也让她烦恼……而作为过来人，我们要告诉女儿，青春期是一扇门，是一扇走向成熟的门，跨过这个门槛，有付出、有汗水、有痛苦、有挣扎，但无论怎样，成长就是一个"羽化成蝶"的过程，很艰辛，成人的世界和少年的世界是不同的，勇敢地打开这一扇门，"破茧成蝶"，不要害怕，成长的路上，父母是你最坚强的依靠和后盾。

这就是我们编写本书的目的，本书是一本送给青春期女孩的书，主要从生理学角度、教育角度，给女孩讲解一些成长必知的常识，帮助女孩梳理青春期的困惑；本书也是一本妈妈的育女心经，妈妈阅读它，可以知道怎样在青春期帮助女儿解决一些生理问题及心理问题，从而帮助女儿梳理一些心事，树立自尊、自爱、自立、自强的人生观。当然，本书也是送给爸爸的书，对于青春期女儿，爸爸的爱至关重要。

最后，希望所有的青春期女孩，都能理解父母，能把父母当成你最信任的朋友、最温暖的心灵港湾。女孩，大胆去经历吧，希望你们都能度过一个健康、快乐的青春期。

编著者

2019年10月

目 录

第1章

女大十八变，这些变化说明你的青春之花开放了

十几岁的女孩们，不知道这一两年你的身体是否出现这样的变化：你的胸部开始鼓起来，"姨妈"造访，满脸痘痘，雀斑"横行"……你为此感到很苦恼，但其实，这些都是你进入青春期的标志，你应该感到高兴，因为你正在成长为成熟的女人。

胸部为什么突然突起来了

乳房是女性重要的第二性征器官，女孩进入青春期后，第二性征开始发育。乳房开始发育的年龄与先天的遗传和后天的营养都有关系。

从生理上来说，乳房生长于女性的前胸，起到哺乳的作用。青春期以前，男孩与女孩的乳房在外观上几乎没有什么区别。但女孩长到七八岁时，身体的各个系统开始逐渐发育，10岁左右，在卵巢激素、垂体激素和胰岛素等多种因素的刺激下，女孩的乳房开始正式发育。女孩乳房发育的年纪也是因人而异的，但一般不晚于16岁，如果超过16岁乳房仍未发育，应引起重视。

青春期意味着身体开始发育变化到成熟阶段，也是女性一生中乳房发育的重要时刻。青春期乳房发育的标志包括乳头、乳腺体积相继增大，乳晕范围扩大，其中以乳腺体积增大最明显，并随着乳腺组织扩增，乳房呈圆锥形或半球形。乳房发育的另一标志是乳头与乳晕的上皮内黑色素沉着而使其颜色加深。评价乳房是否健康发育应看乳腺、乳晕、乳头三者发育的比例关系。一般乳头与乳晕的发育成比例，但乳晕发育与乳腺更为密切，乳头的大小与乳腺发育的程度关系较小。

女孩乳房发育一般到月经初朝后基本成熟，这时候，整个乳房组织都逐步发育，包括整个乳管系统及乳管周围组织同步发育，乳管末端增生成群，形成腺泡芽，皮下脂肪增多及纤维组织增生，使乳房呈圆锥形或半球形，整个乳房增大，并显得丰满而有弹性。随着时间的推移，女孩的乳房将逐步定形。

所以，每一个处于青春期的女孩子都会遇到这样的问题，即自己的胸部悄悄地隆起，一对乳房从开始时的平坦变得隆起而丰满，乳头乳晕部形成一个小鼓包，像"小花蕾"一样，以后会逐渐变得更大，总之，一切同以前都不一样了。

面对自己身上悄悄发生的然而又是巨大的变化，女孩会有不同的感受。有的女孩对性的知识知之甚少，加上比较粗心，乳房的变化并没有引起什么心灵的震动，她们还像从前一样蹦蹦跳跳，一副无所谓的样子。有的女孩则比较敏感，她们已经开始意识到自己正慢慢地长大，身体发育带来的乳房发育会使她们几分欢喜几分愁，欢喜的是，她们即将迈入成熟女性的行列，拥有苗条的身材和坚挺的乳房。愁的是，别人的目光似乎总是会偶尔停留在自己身上，此时，她会不由自主脸红甚至尴尬。同时，每当感到乳房疼痛时，又会有些担心，不知这是怎么回事，不知这是不是正常情况，自己是不是生病了，不知该向谁请教有关乳房的问题，这些女孩常常处于一种困惑状态，甚至影响正常的学习和生活。还有个别女孩，认为乳房的发育是一件羞耻的事，极不愿意被别人看出自己的乳房已经开始长大，因而总是遮遮掩掩，穿很厚的上衣，穿戴很紧的文胸，将乳房紧紧地裹在里面，甚至故意含胸束胸，以遮掩乳房的变化。

那么，究竟应该怎样看待青春期乳房的发育呢？

首先，女孩应该明白，青春期乳房发育是正常的生理现象，是你即将成为一个大姑娘的标志，你应该高兴，而不是害羞，每个女孩都会经历这一过程，因此，既不要过于紧张，但也不可毫不在意，应该重视自己身体的这一变化。女孩的身体是脆弱的，你要懂得呵护自己，要比以前更加注意保护乳房，使其远离一切外来伤害。其次，要密切注意乳房大小的变化，当乳房已接近成人乳房大小时，应开始戴文胸；如果在乳房发育过程中，出现乳房疼痛、肿块等，可以告诉妈妈，并让妈妈带着去看医生。不要因为爱美而过早地戴上文胸，不要戴过紧的文胸，不要因为害羞而含胸。

亲爱的女儿，爸爸妈妈让你了解这些，是希望你能骄傲地挺起胸膛，让富于生命活力的乳房有一个宽松的生长环境，让富于青春韵律的乳房尽显女性的风采。

为什么女孩子都有月经

月经是每个女孩都会经历的事。青春期女孩经常会被月经困扰，有着很多疑问，如什么是月经、怎么会有月经，以及月经来了该怎么办等，了解关于月经的一些常识，对女孩的身体发育及心理健康很重要。

1. 什么是月经

月经是女性的一种正常生理现象，青春期女孩伴随着身体的不断成熟，必然会面临月经到来如何处理的问题。很多女孩对月经这种生理现象存在很多困惑，如什么是月经？

月经是指有规律的、周期性的子宫出血，是指女孩子生理发育达到一定程度，子宫内膜在卵巢分泌的性激素的直接作用下出现的剥离出血现象。正常的月经不是通常意义上的出血，你不妨把经血看成机体代谢后排出的"废品"。月经又称为月事、月水、月信、例假、见红等，因多数人是每月出现一次而称月经。近年来，对月经的俗称有所增加，如坏事儿了、大姨妈、倒霉了等。

一般月经期无特殊症状。有些女孩可能有下腹及腰骶部沉重下坠的感觉，个别可有膀胱刺激症状如尿频，轻度神经系统不稳定症状如头痛、失眠、精神抑制、易于激动，肠胃功能紊乱如恶心、呕吐、便秘或腹泻及鼻黏膜出血等现象。在一般情况下，月经来潮并不影响工作和学习，但不宜从事重体力劳动或剧烈运动，需注意经期卫生。

2. 什么时候开始来月经

处于青春期的女孩，因个人体质、遗传因素和环境等很多原因的差异，来月经的年龄也会有所差异。但一般来说，初潮年龄大多在13～15岁，不过随着人们生活条件的提高，女孩在幼儿时期营养补充比较全面，甚至不少女孩营养过剩，因此月经的到来就会比大多数女生提前不少，而现代社会女孩的月经初潮平均在12.5岁。

所以，当很多青春期的女孩发现身体见红的时候，不必惊慌，这是身体在发育的信号，只要注意月经期的一些小问题，并不影响学习和生活！

3. 来月经意味着什么

蝴蝶的长成需要一个破茧成蝶的过程，对于女孩也一样，女孩也是在慢慢长大，来月经就是女孩成熟的一个标志，这意味着女孩不再是小女孩，而开始变成女人，开始走向成熟。因此，女孩不必担忧，也不必害怕来月经，这是你生理成熟的一个信号。

来月经除了能表明女孩开始成熟以外，还意味着女孩的身体状况良好，这从以下几个方面可以体现。

（1）可使女孩早期发现疾病

如果女孩已过18岁仍无月经来潮，或者女性既往有过正常月经，现停经3个月以上，就要检查是否生病，如生殖道下段闭锁、先天性无子宫或子宫发育不良、卵巢肿瘤、脑垂体肿瘤或功能低下、内分泌或消耗性疾病。

（2）可避免过量铁的伤害

来月经证明女孩没有被过量的铁伤害。有一种血色素沉着症的遗传性疾病，容易引起患者铁元素代谢失调，身体内会积聚过多的铁；铁过量会缓慢地导致皮肤、心脏、肝、关节、胰岛等处的病变。治疗铁过量的方法之一是定期排放一定量的血液。血色素沉着症引起的器质性损害在女性身上出现的机会大大小于男性，甚至几乎不发生，就是因为月经的作用——周期性的失血正好消耗掉过量的铁。

（3）可促进造血功能

女孩来月经还证明身体造血功能正常。月经引起机体经常性地失血与造血，使女性的循环系统和造血系统得到一种男性所没有的"锻炼"，它使女性更能经得起意外失血的打击，能够较快制造出新的血液以补足所失血液。

因此，女孩不要总是抱怨来月经时带来的麻烦，其实，你应该感谢来月经，要把月经当成自己的"好朋友"。

私密部位为什么会长毛发

青春期发育时全身的所有部位都会发育，但最引人注目的是个子长高、乳房长大和出现月经。使青春期的少女意识到身体正在发育的莫过于"第二性征"的出现。从第二性征出现的先后顺序来说，少女的毛发算是较早的发育信号。当女孩到了10～13岁时，卵巢发育日见成熟，在其分泌的性激素刺激之下，阴毛也陆续萌出。最先萌出的阴毛显得稀少而柔软，随着年龄的增长，阴毛的颜色加深、粗而卷曲，呈倒三角形分布于阴阜上。一般情况下，女孩子在发育过程中，大部分是先有阴毛的萌出，以后才见月经来潮，但也有些人阴毛萌出可能在月经来潮之后，甚至是18岁以后才长出阴毛。

女性阴毛的生长分为六个时期，每个时期都标志着女孩子越来越接近成熟。

第一期，10岁以前，尚无可见的阴毛。

第二期，10~11岁，稀疏生长起长而柔软的阴毛，且轻微卷曲。

第三期，12~13岁，阴毛增多，并渐集卷曲，粗而黑。

第四期，14~15岁，阴毛扩展覆盖阴唇。

第五期，16~17岁，阴毛扩展到耻骨区，成为成人型。

第六期，18岁时，阴毛呈典型的倒三角形分布到大腿内侧。

我国少女一般在14岁时开始出现阴毛，到十七八岁，阴毛的疏密状况基本定型。每个人的身体情况不一样，阴毛的生长情况也不一样，但阴毛的有无、疏密一般会取决于以下两个因素：一是体内肾上腺皮质所产生的雄性激素的水平；二是阴部毛囊对雄性激素的敏感程度。

如果女性阴毛发育期，由于某种原因使肾上腺皮质产生的雄激素水平低下，或阴部毛囊对雄性激素不敏感就会造成阴毛稀疏或不长阴毛。有些女孩子因为阴毛稀疏，担心自己是不是有什么问题，甚至怀疑自己的生育能力。其实，在现实中，阴毛的疏密个体差别很大，阴毛稀少或无阴毛的妇女如果其他第二性征正常（如乳房发育、体形、声音变化等），月经按时来潮，说明性器官的发育及性功能不会有什么问题，能够过正常的性生活，也会有正常的生殖能力。

阴毛对人体并没有什么特别的作用，也不是反映性功能或生育能力的标志，这已被日常生活中的大量事实和科学研究所证实。所以，阴毛稀少或无阴毛的女性不用为此而烦恼和担心。

也有一些女孩，虽已过18岁，外阴部和腋窝依然毫无毛发萌出的迹象，因此，她们很苦闷和焦急，担心会影响结婚和生育。到底少女为什么不长阴毛和腋毛呢？

原来，人的毛发分两类，一类不受性激素的影响，包括头发、眉毛和眼睫毛等；另一类是在性激素的影响下逐渐长出的，如阴毛和腋毛。少女的阴毛和腋毛是在雄性激素睾丸酮的刺激下长出来的。一般来说，女孩子从10~11岁起开始长出阴毛。阴毛首先出现在耻骨联合处的皮肤上，毛发稀细，软而色淡，以后逐渐增多变粗，颜色也加深，2~5年后就成熟定型。

所以，不能单凭有无阴毛和腋毛来判断是否进入青春期，更不能以有无阴毛和腋毛来判断一个人有没有生育能力。

另外，也有一些女孩子，毛发生长比较旺盛，这也是有一定原因的。

由于青春期女孩性腺刚发育成熟，功能特别活跃而又不太稳定，雄性激素的制造量就容易"越轨"。女孩雄性激素量略微增多，体征表现就很明显，随即引起毛发生长的变化。皮肤内毛发生长的"基地"称为毛囊。如果毛囊对性激素敏感，毛发便长得快、长得粗、颜色深。如果毛囊对性激素敏感度偏低，毛发生长速度便可能较慢，也长得细、颜色浅。但是毛发，包括胡须生长，并不仅仅与激素水平有关，它还受遗传等多种因素影响。

但是，如果女孩身体的某些部位，如上唇长出与男人一样的胡须，胸前长出又粗又黑的护心毛，阴毛多而呈正三角形，就是毛毛发育异常了，可能就是"症状性多毛症"。此症比较少见，要引起足够重视，应及时治疗。它极可能因为某些疾病如卵巢、肾上腺、脑垂体的肿瘤病变导致雄性激素分泌增多，或者雌、雄激素的比例失调。

因此，亲爱的女儿，你要知道，只要月经正常，乳房发育良好，保持健康，身上汗毛略长一些，或者浓密一点，并非异常现象，也不必担心。

满脸痘痘可怎么办

众所周知，青春期的女孩子正处于最爱美的年纪。如果饱受小痘痘的困扰，她们就会变得非常焦虑，甚至是自卑。在初中校园里，常常听到女孩们互相传授"战痘"经验。然而，不管如何调理，痘痘总是时不时地冒出来，就如野草般，"野火烧不尽，春风吹又生"。

那么，什么是青春痘呢？

青春痘又叫痤疮、暗疮或粉刺，是由于毛囊和皮脂腺阻塞、发炎所引发的一种皮肤病。青春期时，身体内部的荷尔蒙刺激毛发生长，促进皮脂腺分泌更多油脂。毛发和皮脂腺因此堆积许多物质，使油脂和细菌附着，从而引发皮肤红肿反应。

一般来说，女性在青春期才会有这种症状，所以才称它为青春痘。从生理角度看，青春痘主要发生在皮肤的毛囊皮脂腺，皮脂腺通过皮肤的导管进入皮肤，堵塞了管腔，导致皮肤不能透气，形成脂栓。当这个不能被皮脂腺自然排出的脂栓长时间地堵塞毛囊，就会对毛囊附近的皮肤造成损伤，再加上体内激素的分泌和机体的刺激，就会形成红肿状的青春痘。

青春痘的形成因素又有哪些？

青春痘的形成有许多复杂的因素，包括内在因素和外在因素。

1. 内在因素

（1）雄性激素分泌过盛是最主要的原因。这就是青春期男孩子的痘痘情况一般比女孩子严重的原因。雄性激素可直接刺激皮脂腺增多，促进毛囊的角化，堵塞毛孔引起炎症，从而造成粉刺的产生。

（2）身体内在疾病。如胃、肾、肝等脏器病变，特别是胃肠功能紊乱，便秘等会诱发痤疮的产生。

（3）女性特有的生理周期。有些女性在月经来临之前，粉刺加剧。这主要是因为月经期激素分泌的紊乱。

（4）精神紧张、疲劳过度、睡眠不足等。

2. 外在因素

（1）清洁不当。如果清洁不净，会导致皮肤表层有聚集物，阻碍毛孔的自由呼吸，导致痤疮。

（2）不正确的处理方式。有些人长了粉刺后，会用手乱挤压引起细菌感染。

（3）用劣质化妆品，如两用粉饼、粉底等。

（4）紫外线及某些化学物质的伤害。

（5）过食油腻、酸辣等刺激性食物及甜食。

其实，小痘痘也是青春期女孩的一道风景线。常常有些女孩在青春期的时候因为痘痘烦恼，等到青春期过去，却又无比怀念长痘的年纪。既然如此，我们不如和痘痘和谐共生。

很多少女都有长痘痘的现象，因此，亲爱的女儿，对于痘痘不要过于担心，但也要引起重视。在日常生活中要养成早睡早起的规律生活，保证充分睡眠，不吃辛辣刺激性食物。多吃新鲜蔬菜和水果。多饮热水，痘痘的症状会有所缓解的。

雀斑也可爱

伴随着青春期的到来，女孩身体的各个部位会产生一些变化，尤其是脸部，除了痘痘的光临，还有雀斑的产生，雀斑虽然不痛不痒，但影响人的外貌美，所以常引起青少年，特别是少女的烦恼。有很多女孩都害怕自己白皙的脸蛋被雀斑占满。所以许多人希望能够清除或使之减少。那么，什么是雀斑？

雀斑，是常见于脸部较小的黄褐色或褐色的色素沉着，往往6~7岁以后开始出现，青春期最为明显。受紫外线的影响，雀斑的表现程度也不一样，到夏季的时候，日晒使皮损加重，冬季减轻。雀斑表现为黄褐色或褐色斑点，呈圆形、卵圆形或不规则形，主要集中在脸部，尤其是双眼到两颊凸出的部位。

雀斑是一种比较难治的皮肤病，跟遗传、内分泌有很大关系，一般的药物治疗、化妆品祛斑都难以达到根除的目的，所以也没必要进行药物治疗。

雀斑是由于体内黑色素增多，且堆积在皮肤的基底细胞里所致，这种黑色素来源于酪氨酸在酪氨酸酶的催化下氧化聚合而成。雀斑的形成原因可能与遗传、体质、暴晒等因素有关，雀斑与遗传因素有密切的关系；阳光中的紫外线也是导致雀斑加深的凶手，所以有些患者会觉得自己的雀斑在夏天比较明显，冬天就会变淡。

一般情况下，治疗雀斑的药物都不会影响女孩发育，但是服用药物治疗雀斑效果很一般，不会起太大作用。对于雀斑的治疗，最有效的方法就是激光祛斑。即使这样，经过一段时间之后，雀斑还是会重新长出来，但是相比其他的方法，这是可行并且效果明显的方法。

虽然治疗雀斑不容易，但是可以通过一系列方法进行预防或者控制，避免雀斑加重。当人们发现自己长雀斑，尤其是少年儿童面部长了雀斑时，就要注意面部卫生和护理，避免雀斑随着年龄的增长不断增多、加重。

那么，青春期女孩，该怎样防止雀斑加重呢？

（1）做好防晒工作。女孩要避免日光照射，春夏季节外出时应戴遮阳帽、涂防晒霜，不宜滥用外涂药物，以免伤害皮肤。

（2）规律的作息、愉悦的心情，有助于防止雀斑加重。

（3）合理的饮食和营养也可防止雀斑加重，多补充维生素E，可起到祛斑的作用。

（4）多吃新鲜水果、蔬菜；少食辛辣等刺激性食物，如咖啡、可可、葱蒜、桂皮、辣椒、花椒等。

同时，女孩还可以掌握一些护肤的小窍门，例如，用干净的茄子皮敷脸，一段时间后，小斑点也会变得不那么明显。柠檬中含有大量维生素C、钙、磷、铁等，可以将柠檬汁加糖水饮用，不仅可美白肌肤，还能达到祛斑的目的；不宜过量食用刺激性食品，如酒、浓茶、咖啡等，以免加重病情。

其实，亲爱的女儿，即使雀斑治不好，也不必难过，小小雀斑也很可爱。真正的美丽来自心灵，用知识去充盈自己的内心才是让自己美丽的根本之道！

为什么"女大十八变，越变越好看"

10~18岁，女性正在或者已经步入人生的一个崭新阶段：青春期。青春期女孩的身体会出现很大的变化，就是人们常说的"女大十八变"。女孩的性成熟一般比男孩早两年。青春期的发育有早有晚。可以早到8岁，也可以晚至14岁，整个过程通常在2~6年内完成。女孩的个子从10~11岁开始明显地不断长高，一直要持续到15~16岁才停止。10~11岁开始，乳房开始发育。女孩的乳房开始发育可以早到8岁，也可以晚至15岁。一侧乳房也许会比另一侧发育得早。与乳房发育差不多同时，耻部的阴毛开始长出。腋毛和腿上的毛一般比阴毛要晚1~2年长出。毛色、多少和毛的分布因人而异，差别很大。

脑垂体分泌的生长激素、肾上腺与卵巢分泌的性激素、甲状腺分泌的甲状腺激素等，都对骨骼的发育成熟和身高的增长，具有独特而又相互配合的作用。这些内分泌激素综合协调，赋予了少女一副匀称的身材。

乳房、子宫、阴部的发育，骨盆软骨细胞的增殖，入口增宽，臀部变大，体内脂肪细胞增殖，皮下脂肪堆积等都是雌性激素的作用。

女性体内也有少量的雄性激素，主要来自肾上腺，少部分由卵巢分泌，它促进腋毛、阴毛生长，阴部发育。脑垂体的活动还要受下丘脑与靶腺器官的影响。当然，脑垂体激素及靶腺激素的水平也反过来影响下丘脑和垂体的分泌功能。下丘脑—垂体—靶腺（主要是卵巢）构成了青春期"女大十八变"的控制轴系，它们相互依赖、相互制约，使得女孩身体内血中的激素浓度保持相对稳定，恰当地满足"女大十八变"对激素的需要。

现在，亲爱的女儿，你大概就知道为什么女孩"女大十八变，越变越好看"。

第2章

暴风雨般的青春期，合理疏导心情不做问题女孩

伴随着身体的迅速变化，青春期女孩有了很多自己的想法，一旦想不通，就会走入死胡同，产生困扰、自卑、不安、焦虑等心理问题，甚至产生不良行为。而为人父母的我们，也有责任和义务，帮助女儿走出心理的阴影，走出雨季般的青春期。

只要你敞开心扉，就不会孤独

家长的教育方法不恰当，只会引起孩子的反感。有时候，孩子写日记，并不是因为孩子有什么见不得人的秘密，只是他们需要找一个倾诉的对象，这是因为青春期的孩子都有孤独心理。

很多进入青春期的女孩都有这样一种体验：觉得自己是大人了，于是总想一夜之间成熟起来。可是无论是老师还是父母，还是把女孩当成昔日的小丫头，就连平时挺要好的同学，现在也不是那么亲密无间、无话不谈了，自己一肚子的心事，不知道该和谁谈。

人际交往是一门学问，青春期是培养交往能力的重要时期，也是积累人生阅历和社会经验的重要时期。然而孤僻心理对于女孩自身发展和人际交往都不利。毕竟每个人都希望与自己交往的人态度积极，乐于和善于与人交往的人能和大多数人建立良好人际关系，在与人相处时态度积极，不忌妒、不冷漠，能很快适应新环境。但一些女孩，因为一些原因，把自己的活动限制在一定的范围内，更有严重的，导致自闭症和交往恐惧症，严重影响青春期女生的心理健康。克服这些心理障碍，才能走出交往的第一步。

一般来说，女孩在青春期，孤僻心理都有以下几种表现。

1. 情绪反应过度

理想的心理状态应该是情感表现乐观而稳定，既不为琐事耿耿于怀，也不冲动莽撞。现实生活中，选择用沉默来面对生活和学习中的各种情况的女孩，就是典型的孤僻心理，无论发生什么，似乎都不能激起她们的兴趣。

2. 行为偏执、极端

一般来说，正常的行为应该是积极、主动和富有建设性的。但很多未成年女孩一遇上不顺心的事，就采取过激行为。

3. 意志品质欠健全

意志品质良好的人，能够对自己的言行举止表现出一定的自觉性、独立性和自制力，既不刚愎自用，也不盲从寡断；在实践中注意培养自己的果断与毅力，经得起挫折与磨难的考验。

那么，如何消除孤僻心理呢？女孩应注意做到以下几点。

1. 培养个性魅力，完善交往品质

每个女生都希望自己落落大方，让同学喜欢自己，其实，只要女孩拥有良好的交往品质，走出恐惧的第一步，就能被同学所喜欢，慢慢地，心结也就能打开。"人之相知，贵相知心"。真诚的心能使交往双方心心相印，彼此肝胆相照，真诚的人能使交往者的友谊地久天长。

2. 用正确的心态评价自己和他人

孤僻的女孩一般不能正确地评价自己，要么总认为自己不如人，怕被别人讥讽、嘲笑、拒绝，从而把自己紧紧地包裹起来，保护脆弱的自尊心；要么自命不凡，不屑于和别人交往。孤僻者需要正确地认识别人和自己，多与他人交流思想、沟通感情，享受朋友间的友谊与温暖。

首先要有自信。俗话说，自爱才有他爱，自尊而后有他尊。自信也是如此，在人际交往中，自信的人总能不卑不亢、落落大方、谈吐从容，绝非孤芳自赏、盲目清高。而是对自己的不足有所认识，并善于听从别人的劝告与帮助，勇于改正自己的错误。培养自信要善于"解剖自己"，发扬优点，改正缺点，在社会实践中磨炼、摔打自己，使自己尽快成熟起来。其次，还要正确认识孤僻的危害，敞开闭锁的心扉，追求人生的乐趣，摆脱孤僻的烦忧。

3. 培养健康的生活情趣

健康的生活情趣可以有效地消除孤僻心理。利用闲暇潜心研究一门学问，或学习一门技术，或写写日记、听听音乐、练练书法，或种草养花等都有利于消除孤僻心理。

4. 掌握交往技巧，提高交往能力

看一些交往类书籍，学习交往技巧，同时多参加正当、良好的交往活动，在活动中逐步培养自己开朗的性格。要敢于与别人交往，虚心听取别人的意见，同时要有与任何人成为朋友的愿望。这样在每一次交往中都会有所收获，纠正认识上的偏差，丰富知识经验，获得友谊，愉悦身心，会重树你在大家心目中的形象。可以从先结交一个性格开朗、志趣高雅的朋友开始，处处跟着他学，并请他多多提携。

5. 为自己制订一个奋斗的目标

一个有所爱、有所追求的人，不会孤寂；一个为学业忙碌的女孩，也不会孤僻。因此，要树立坚定的事业心和具体的奋斗目标，为之努力拼搏，孤僻自然会被热情所埋没。

亲爱的女儿，爸爸妈妈要告诉你的是，青春期是精彩的，但一个人是寂寞的，一个人的世界并不精彩，青春期有太多精彩需要分享，何不敞开心扉？

你是不是总有无名之火

很多青春期女孩每个月总有那么几天脾气暴躁，爱发无名之火，这是青春期女孩一般都会有的不良情绪，因为这和生理因素有关，尤其是在月经期，这种无名之火更为明显。

一般，这种情绪的表现为爱生气，事后又后悔。这些是女孩荷尔蒙分泌刺激，引起的性格变化，即使你有意识地控制，也许仍有点无能为力。你或许并不清楚，或者你可能仅仅意识到体内激素水平变化对情绪的影响，但却搞不懂为什么有时候你看起来像乖乖女，有时候却脾气暴躁宁愿独处。实际上，你身体中荷尔蒙的周期性变化影响了你。

荷尔蒙分泌是呈周期变化的，在荷尔蒙周期就要结束的一段时间，除非已经受孕，不然黄体会逐渐萎缩，卵巢中雌、孕激素的分泌量逐渐减少，子宫内膜的厚度有所下降，直至崩解形成新一次的月经。这几天女性处于情绪的最低潮期，易出现脾气暴躁、易怒、紧张等情绪波动，自杀倾向更较平日高出七倍。

这就是女孩爱发无名之火的原因，这段时间，如果你敏感地觉察到自身的这种变化，就要有意识地安排更多轻松之事，如避免在这个时期决定重大的事件等。

在这段时间，女孩不仅情绪进入低谷，皮肤也开始出现状况：皮肤粗糙、暗疮爆发。而且，由于体内滞留了很多的水分，你自觉臃肿发胖。

这个阶段你可能出现经前紧张症，如抑郁、易怒、易激动、焦虑、头痛、注意力不集中和疏于社会活动；你的身体会出现乳胀、腹膨胀和四肢水肿。为了缓解这种不适，你需注意少摄入盐分较高的食物，多进食大豆制品、谷物、新鲜的蔬果，这有助于保持身体内环境的稳定。另外，此时阴道酸性增加，是真菌增长的高危时期，必须小心预防真菌感染，如穿舒适的棉内裤。你身体的抗凝血系统处于被激活的状态，要注意保暖和休息，同进避开可能的出血情况，如外科手术、献血……你当然也要错开妇科检查。

当然，想要正确面对生理期的无名火，青春期的女孩们，此时，你们还要找到合适的方式处理自己的愤怒，具体来说，你可以这样做。

1. 认识自己发怒的原因

当你的情绪稍微冷却下来以后，你可以试着认识自己发怒的原因。你是不是因为同学总是对你的体重或发型冷嘲热讽而气恼不已？是不是你的朋友在背后说了你的坏话？要预先想好发生这种情况时消除怒气的方法。

2. 使用建设性的内心对话

赫尔明指出："许多怒火中烧的人不分青红皂白责备任何人和事：什么车子发动不了啦；孩子还嘴啦；别的司机抢道啦之类。使怒气徘徊不去的是你自己的消极思维方式。"既然想法是导致情绪的主因，那么，如果你是个容易愤怒的人，你就应该加强内心的想法，准备一些建设性的念头以备不时之需。例如，"我在面对批评时，不会轻易地受伤""不论如何，我都要平静地说，慢慢地说"等。

当你能熟练地掌握这些灭火步骤时，你就会发现，自己花在生气上的时间越来越少，而花在完成工作上的时间，也就相对地越来越多了。此方法必定有用！只要你肯去试。

3. 不要说粗话

不管你说的是"傻瓜"还是更粗野的词语，你一旦开口辱骂，就把对方列为自己的敌人。这会使你更难为对方着想，而互相体谅正是消弥怒气的最佳秘方。

的确，愤怒是一种大众化的情绪——无论男女老少，愤怒这种不良情绪都在毒害着他们的生活。因此，亲爱的女儿，现在的你处于青春叛逆期，如果你也经常动怒，那么，你最好学会以上几点调节情绪的方法，从而浇灭愤怒的火焰。

你是否想逃离现在的生活

青春期是每个女孩人生最灿烂的阶段，但也有脆弱无助的时候，繁重的课业负担、父母的期望、对美好世界的憧憬和爱情的幻想在女孩的内心交织着，于是，女孩想放纵自己，想做"坏女孩"，想抛弃学习、抛弃父母，甚至想到死，其实，这是都是精神高压引起的。

心理学家说：没有一个女孩不想扮演好女孩，也没有一个好女孩不将自己放纵于可怕的性妄想与性欲念之中。弗洛伊德说过，女孩在悔恨与羞耻中转变成女人。每一个女孩内心都有乖乖女和坏女孩两个方面，有时候就有做坏女孩的冲动，这是女孩长期对自我的精神压抑导致的。

生活中，如果你长时间情绪低落、表情阴郁、困倦、易流泪，心情郁郁寡欢，"与他人好像隔了一堵墙"的时候，对日常活动缺乏兴趣，对各种娱乐或令人愉快的事情体验不到愉快，常常自卑、自责、内疚。常感到脑子反应迟钝，思考问题困难。遇事老向坏处想，对生活失去信心，自认为前途暗淡、毫无希望，感到生活没有意义的时候甚至想到死，你可能就已经患上青春期心理障碍。

人总有情绪低落的时候，也有想放纵的欲望。情绪低落影响生活，也会影响日常的工作学习。当你感觉你正在被一些问题所困扰时，不妨试着照下面的方法做，也许会有所帮助。

1. 接受不能改变的事实

生活中，我们有太多无法改变的事实，青春期女孩，对于这样的现状，你可以做的除了接受别无他法。

所谓物竞天择，适者生存，想让自己开心，首先就要让自己不那么极端，不去钻牛角尖。一个人不可能改变全世界，事物也不会因你而改变。我们所能做的，就是适应这个世界。对于青春期女孩来说，学习本身就是学生的天职，这就是你应该有的生活状态。

2. 简单的生活中也有无限的乐趣

俗话说，欲望无止境。对于别人的生活，我们不必羡慕，也不必攀比，每个人都有自己的生活方式，简单的生活中也有无限的乐趣，就看你会不会发现。

3. 做有意义的事

确定几件你认为一生中最有价值的事情，然后专心去做，做有意义的事情可以转移注意力，激发你努力和向上的动力。

4. 控制自己的恶念

人的思想是复杂的，不是只有善念。有时一些恶念，还可以帮助人发泄心中不满。如被人欺负，就可能会产生想报复的恶念，但这些恶念往往是一瞬间的，你不必担忧，但也不能任由这恶念腐蚀你的思想，你要学会控制自己的恶念，让它不去左右自己的行为。所以恶念不可怕，只要运用得当，反可以帮人疏导压力！

你是否有过不眠的夜晚

判断自己是否失眠，可以根据上床后进入睡眠状态的时间而定，正常人大多在上床后30分钟以内便可入睡且持续4~10小时，而失眠的人上床后很长时间也不能入睡，即使入睡也很难维持睡眠。失眠会影响一个人第二天的精神状况、学习和工作的效率。一般失眠的人，在次日醒后仍觉得疲乏、白天精神不振、恍惚等。

失眠常由心理、生理因素造成，最多见的为学习压力过大、社会竞争激烈等。对于处于青春期的女孩来说，除了有学习压力、考试焦虑外，还可能因为身体发育、人际关系处理不当导致的精神紧张，一些生活变故，如失去亲人、意外打击等，也会导致失眠。除此之外，还有躯体疾病、用药、中毒或环境因素引起失眠，如患有疼痛与明显不适感的躯体疾病患者，内分泌疾病患者，长期服用中枢兴奋剂、抑郁剂患者在用药期间或停药之后均可引起失眠或睡眠维持困难。

　　青春期是每个女孩一生中的特殊时期，是身心全面发展的一个时期，不论是身体还是心理，在这时都有很大的变化。这个时期的女孩子必须保证充足的睡眠，才有益于身心的发展，而有些女孩开始感叹：最近失眠来袭，怎么办？

　　青春期女孩失眠的原因有很多种，有生理因素，如月经期或者身体不适。当女孩第一来月经、怀孕或进入更年期时，就会变得更加容易失眠。青春期女孩从月经来潮开始就有荷尔蒙的起伏和铁的缺乏等现象，这些都影响睡眠。之后，与荷尔蒙相关的睡眠问题会更加普遍。而一些精神上的原因如抑郁往往也会导致失眠。女孩如果睡得不好，情绪就会低落，然后带着消极低落的情绪去学习，效率自然不高，同时，也会影响女孩的身体发育。

　　很多女孩误以为安眠药会解决这一问题，其实，安眠药有很大的依赖性，并且伤害身体。

　　失眠的青春期女孩最好用以下方法，尝试着解决失眠的问题。

　　第一，把心中的郁结之处向朋友或老师、家长吐露出来，排遣掉心中的不快。

　　第二，你可以在睡前做些运动。比如舒展一下筋骨。但别剧烈运动。也可以睡前泡脚，放松精神。

　　第三，从根本上解决问题，让自己的白天充实一点，当你觉得自己充实地过完一天的时候，也就能安心地休息。

　　第四，坚持保持好的作息习惯。睡眠是人正常的生理需求，每个人都希望自己有高质量的睡眠，继而以饱满的情绪面对第二天的生活和学习，不过任何人在其漫长的一生中，都难免会遇到失眠的问题。精神、创伤、药物、浓茶也可能导致失眠。青春期的女孩在面对失眠的时候要尽量找出失眠的原因，解决失眠问题，拥有良好的睡眠质量，才能精力充沛地学习和生活！

亲爱的女儿，青春期是学习的重要时期，如果你也有失眠的情况，可以从以上几个方面进行调节，爸爸妈妈希望你每晚都睡得香甜！

神经衰弱了怎么办

多思、敏感几乎是所有少女共同的正常心理特征。正是因为这些心理特征，青春期的女孩也会神经衰弱。一些青春期女孩长期过于敏感、过度紧张，引起大脑神经兴奋与抑制失调。由于失调，身体便会出现不适感。而反过来，这种身体的不适又会影响她们的思维，致使大脑功能进一步紊乱，慢慢地，这就形成一种恶性循环，而很多女孩子以为自己得了不治之症，把精力、注意力全部集中在病上，陷入不能自拔的境地，影响到正常的学习、生活乃至自己的健康。

神经衰弱表现为以下症状：一是容易兴奋，对刺激极为敏感，表现为多疑、敏感、偏见、固执、易激动、爱生气、脾气古怪；二是容易疲劳，特别是在看书、学习、写作等脑力劳动时更明显，表现为记忆力减退、头脑昏沉、注意力不集中等。

少女进入青春期后，和童年时代会有很大的不同，这也是成长的烦恼，她们逐渐变得敏感，更在意周围人对自己的看法，对自己的形象也更注意，于是，她们变得情绪不稳，这是正常的，但有些少女发展到看问题易偏执，这就使少女对人与人之间的关系，特别是对与自己有关的人际关系尤其敏感。另外，一些少女又对神经衰弱的各种症状缺乏正确的认识和态度，怀疑自己得了"不治之症"，使精神更加紧张、病情更加严重。所以，为防止和消除神经衰弱，少女应该恰当地把握感情的敏感度，不妨做到以下几点。

（1）肯定自己，接受自己。每个人都活在社会中，因此，谁都会在意别人对自己的评价，但不能活在别人的眼光中。现实生活中，就是有这样一些女孩子，过分敏感，这种生活态度会给她们带来很多麻烦，也很累，对此，女孩要想摆脱这种心理，就要学会肯定自己、接纳自己，这样，当被人评价时，你就能大胆地接受别人的眼光，然后活出自我。

（2）大方为人处世，别为小事斤斤计较。生活中不如意的事太多，人与人交往，也避免不了矛盾，对此，你如果紧盯矛盾，对那些不必在意的事过分纠结，你就是自寻烦恼。其实，有些小事发生了，你可以把它当作过眼云烟。

（3）认识自己，善待自己。要认识到自己不能代替别人，别人也不能代替自己；别人不会事事赛过自己，自己也不可能事事出人头地。要有大处着想的胸怀，敢于公开自己的优缺点，而不尽力去掩遮一切；要有"走自己的路，让别人说去吧"的勇气。

（4）充实业余时间。一个生活充实的人，往往在精神上也是充实的，充实的精神世界一般能避免焦虑、敏感。因此，青春期女孩，不妨多参加集体活动或读点你自己感兴趣并有益的书籍。另外，坚持经常性的体育锻炼，也有助于防止"心理过敏"的现象发生。

（5）采用"今日事，今日毕"和"坐言不如起而行"的生活态度。有神经衰弱倾向的人，一般来说，心理机能都会减退，耐力也会不足。他们会对必须付诸行动的行为犹豫不决，还没动手做就开始瞻前顾后，虽然知道这种想法是无意义的，却无法有所行动。有这种倾向的女孩，应该丢弃这种生活态度。

因此，亲爱的女儿，当自己患上神经衰弱时，一定要弄清神经衰弱的主要原因，除了因精神过度紧张、敏感、多虑外，身体原因也不能排除，如身体上的过度劳累、生活不规律、强烈的精神刺激等都会导致神经衰弱，只有查明病因，才能对症下药。总之，女孩一旦发现自己神经衰弱，就要及时治疗，然后建立起正常的生活规律，树立战胜疾病的信心，再辅以适当的药物，神经衰弱就一定会离你而去。

总是精神焦虑、注意力不集中怎么办

焦虑症即通常所称的焦虑状态，全称为焦虑性神经病。

那么，什么是青春期焦虑症呢？焦虑症是一种具有持久性焦虑、恐惧、紧张情绪和植物神经活动障碍的脑机能失调，常伴有运动性不安和躯体不适感。发病原因为精神因素，如处于紧张的环境不能适应、遭遇不幸或难以承担比较复杂而困难的工作等。

焦虑症的病前性格大多为胆小怕事，自卑多疑，做事思前想后，犹豫不决，对新事物及新环境不能很快适应。

处于青春期的孩子向来是焦虑症的易发人群，他们的生理与心理都处于人生的转折点。许多女孩子在这一期间，会变得异常敏感、情绪不稳，由于身心都没有发育成熟，往往无法正确排解自己的不良情绪。青春期焦虑症是一种常见的心理疾病。

青春期是人生的转折点，身体上的变化也给女孩的心理带来一些冲击，她们觉得自己的身体有一种神秘感，可能因此变得自卑、敏感、多疑、孤僻。青春期焦虑症会严重危害女孩的身心健康，长期处于焦虑状态，还会诱发神经衰弱症，因此必须及时予以合理治疗。下面介绍几种常用的自我治疗方法。

1. 自我暗示疗法

自我治疗和心理暗示是治疗青春期焦虑症较有效的方法。青春期的女孩，在日常的学习和生活中，不免会遇到一些不愉快的事，这时，你应暗示自己自信，正确认识自己，相信自己有处理突发事件和完成各种工作的能力，坚信治疗可以完全消除焦虑疾患。通过暗示，每多一点自信，焦虑程度就会降低一些，同时又反过来变得更自信，这个良性循环将帮助你摆脱焦虑症的纠缠。

2. 分析疗法

事实上，青春期女孩的焦虑症很多是由于曾经发生过的事带来的负面情绪体验，从而影响到潜意识。因此，要想这些被压抑的潜意识消失，女孩就要学会自我分析，分析产生焦虑的原因，或通过心理医生的协助，把深藏于潜意识中的"病根"挖掘出来，必要时可进行发泄，这样，症状一般可消失。否则，你会成天忧心忡忡、惶惶犹如大难将至，痛苦焦虑，不知其所以然。

3. 深度放松疗法

焦虑症一般都伴随有紧张的情绪，学会自我放松，也是治疗这一病症的重要方法。如果你能够学会自我深度放松，就会出现与焦虑所见相反的反应，这时你的身体是放松的而不是被某些朦胧意识所控制。

自我深度放松对焦虑症有显著疗效，如你在深度放松的情况下在脑海中模拟紧张情境，重复进行，你慢慢便会在想象出的任何紧张情境中都不再体验到焦虑。

4. 转移注意力疗法

焦虑症女孩发病时脑中总是盯紧某一目标，然后胡思乱想、坐立不安、痛苦不堪，此时患者可采用自我刺激，转移注意力。如在胡思乱想时，找一本有趣的能吸引人的书读，或从事自己喜爱的娱乐活动，或进行紧张的体力劳动和体育运动，以忘却其苦。

5. 药物疗法

在自我治疗无效的情况下，你可在医生的指导下服用相应的药物，但要注意药物的副作用，避免产生药物依赖性。

青春期焦虑症对女孩的学习、生活、人际交往等都会产生十分消极的影响。因此，希望所有青春期女孩都能身心健康！

到了青春期是否就要叛逆

青春，是一个花季，女孩们告别了童年的时光，成为一个个朝气蓬勃的花季少年。青春，是充满活力、充满阳光的，但也有孤独，这让女孩在阳光中多了一分叛逆。每个青春期的女孩身体里都流淌着叛逆的血，都觉得父母很唠叨，总是在耳边说得没完没了。虽然父母都是在关心她们，但是在孩子看来，有的时候真觉得这样会很烦，或许有的女孩会对父母的唠叨不理睬，也有的女孩顶撞父母甚至会跟父母争吵起来。她们总是用各种各样的方式抵抗父母的教育。

进入青春期的女孩，自以为自己什么都知道，渴望自主地安排自己的生活，渴望有属于自己的空间，而爸爸妈妈过多的干预和唠叨总会让自己很厌烦，哪怕是爸妈多一句的叮咛，都是一种啰唆。女孩随着年龄长大，心理也在不断变化，心里积攒了好多秘密，想找一个"谁"来诉说，这个"谁"又会是谁？想告诉父母，却又不愿接近，认为他们思想老套、落后，不能够理解我们；想找一个朋友，却又不知道朋友会不会出卖自己，会不会认为自己话多；想写在日记本里，却又担心父母偷窥，虽然法律有明文规定，不许偷看他人隐私，但父母是长辈又是监护人！自己充满了矛盾，因找不到倾诉的对象，而将自己渐渐封闭，很少与别人交流。往往因为一点小事儿冲动，对别人大发脾气，自己也因此更加沉郁、更加厌烦这个世界！

但作为女儿的你是否想过，父母的唠叨虽然是烦了点，可是他们这都是出于对孩子的关心，毕竟他们是自己的父母，对于他们的唠叨作为子女的你也应该理解，为他们着想，然后采取一个正确的、适当的方式和父母进行沟通。你应当要理解，即使不理解也应该学会去理解他们，因为这时候你已经可以承担一部分责任了，如果你连父母对你的真心尚无法去公正判断，而误解他们的意图，那么将来的你如何在复杂的社会中去交流和信任他人呢？。那么，作为女儿，你该怎样和父母相处呢？

1. 和父母做朋友

其实，你不妨和父母做朋友，不要总是羡慕别人有开明的父母，要和父母交朋友也并不是一件难事。

想和父母做朋友，首先要做的就是把自己的心态调整一下。或许在你内心当中，父母就是父母，就是你的领导，其实不然，只是你平时少跟家人沟通，彼此间并不了解，所以你会觉得有点陌生，而不敢和父母沟通。放开自己的心，不管如何，父母始终还是父母，再怎么样也不会伤害你。如果对与父母做朋友没有信心的话，可以先找一些无关紧要的事情和父母说一下，比方说天气、新闻等，观察一下父母的态度再决定是否要和父母做朋友。但是你要先把自己的想法改变一下。

实践证明，父母儿女之间选择做朋友更能促进家庭关系的融洽，也更能达到青春期女孩健康成长的目的！

2. 多沟通

当你和父母产生意见的分歧时，尽量控制好自己的情绪，不激化矛盾，试着换位思考。有些时候我们的父母处理事情的方式的确不太正确，但从父母的角度考虑的话，你就会发现他们这些做法的出发点都是为了你好，世上。只有父母对儿女的关心和帮助是不求任何回报的，想到这些，你自然也就能理解父母了。

3. 用行动告诉父母你长大了

再者，你要在行动上证明，你已经能独立生活和思考，你长大了。这样，他们也就能放开双手，让你独立行走，并以朋友的身份平等地和你交流想法。

所以，亲爱的女儿，你要记住，你今天的努力是为自己走进社会积累知识资本，你的努力与父母的期望是一致的。有话和父母交流，也可以劝父母停止唠叨，坐下来交交心，要尊重父母，互相理解，心平气和地平等交流。让父母可以为你少操心，父母就很知足了，和睦的家庭，是保证你提高学习质量的重要因素！

第3章

孕育美丽，悄然应对胸前花骨朵的变化

乳房是女孩开始发育的第一个信号，自青春期开始，受各种内分泌激素的影响，女性的乳房进入一生中生理发育和功能活动最活跃的时期，直至绝经期。在经历了青春期之后，乳腺的组织结构已趋完善，进入性成熟期。随着乳房的发育，每个女孩都会遇到一些问题，其实，你不要惊慌，这是正常的生理现象。随着年龄的增长，有一天你的胸部也会饱满而高耸，不要觉得害羞，这是女人的骄傲，是一个女人美丽、健康的象征。

是时候选择合适的文胸了

青春期女孩穿戴文胸，不可过早也不可过晚。

青春期女孩随着身体的发育，乳房也逐渐成熟，它不仅能够体现出女性玲珑有致的身材美，更是肩负着哺育自己下一代的重大责任，所以我们要给它以最温柔细致的呵护。穿戴文胸能在很多方面保护乳房，使它健康发育，所以说女孩穿戴文胸是十分有必要的。

因为乳房部位的组织和身体其他部位是不同的，乳房由乳腺、乳腺管、脂肪和结缔组织等构成，内部没有骨骼和肌肉支撑，因此乳房如果没有一个支托，很容易导致下垂，甚至如果长时间处于无保护状态，会影响乳房的血液循环和发育，造成乳房松弛，导致乳腺管弯曲变形，影响乳房的外观形态和将来哺乳。当剧烈运动时，乳房也随之发生较大幅度的震动，会使人感到极不舒服，严重的还可能导致血液循环障碍而诱发乳房疾病。

穿戴文胸是每个女孩身体即将成熟的标志，文胸的穿戴能在以下几方面保护乳房，使它健康发育。

（1）起到支托乳房的作用，有利于乳房的血液循环，对青春期女孩来讲，不仅能为正在发育的乳房塑造一个漂亮的胸形，而且还可避免因碰撞等外力给乳房带来伤害。

（2）托住乳房，避免乳房下垂。

（3）保护乳头，避免擦伤，缓解外界冲击带来的伤害。

（4）保护乳房在运动和奔跑时不受剧烈震动的伤害。

（5）冬季起到乳房保暖作用。

青春期的女孩何时应该开始穿戴文胸呢？一般说来，女性在乳房发育已基本完成时开始穿戴文胸比较适宜。倘若刚刚步入青春期的小女生就穿上文胸，会影响乳房的正常发育。

女生一般17岁左右就可以在父母的帮助下选择适合自己的文胸。但是因为有些女生发育得早，有些发育得迟，需按实际情况而定。当女生胸部发育成熟后，就要戴文胸。可是，什么时候才是乳房发育成熟呢？用软尺测量乳房上底部经乳头到乳房下底部的距离，如果大于16厘米，就可以戴文胸了。

那么，青春期的少女该如何选择文胸呢？

（1）根据季节选择文胸。可以说，文胸是女孩最重要的衣服，和普通衣服一样，它也要随着季节的变换适时地更换，不同的季节，女孩要穿戴不同的文胸。例如，夏日出汗较多，应穿戴纯棉、漂白布或丝绸布面料的文胸。春秋季节可穿戴涤纶面料的文胸。冬天宜戴较厚实或有海绵的文胸。睡觉时，要松开文胸或者摘掉文胸再入睡，这样可以避免胸部持续受到挤压而感到不适，而且也有利于夜间呼吸和血液循环。

（2）文胸的大小尺寸，要与胸围相符。这样，戴上后才会感到舒适。文胸太大，起不到支托乳房的作用；太小会压迫乳房，既感到不舒服，又会妨碍乳房发育。文胸的生命力在于它的底线，它能让乳房在文胸的承托下，有向上提起的效果，使女生不至于因为年纪的增长或者其他因素而导致乳房下垂或松弛。如果底线尺寸过大，就无法产生应有的承托功能；如果过小会使胸部扎堆难看并无法正常运动。

（3）选择一些质地相对较好的文胸。质地好的文胸，透气、通风相对较好。

（4）在颜色方面，粉色和白色的颜色较适合少女，穿校服时视觉上不会较明显地突出胸部，避免尴尬。戴文胸更重要的目的是维持乳房的正常功能，起到保健作用。

这里还要强调的是，少女在晚上睡觉时还是不戴文胸为好，以免长期戴文胸对身体产生不良反应。文胸与内衣一样，容易受到汗液的污染，因此，必须勤洗勤换，保持清洁卫生。

学好选择文胸这门课，会对女孩的乳房发育大有帮助。因此，青春期女孩，一定要选择适合自己的文胸，不能"随便买个戴"。

乳房是娇嫩、敏感的体表柔软器官，平时容易受到撞击、挤压，甚至在跑跳时可能牵拉到乳腺组织。穿戴文胸可以保持乳房的稳定性和形态，当然，在突出女性的形体美方面也能做出一定的贡献。所以，亲爱的女儿，要记住，在适当的年龄穿戴合适的文胸很有必要！

妈妈教你穿戴和清洗文胸

首先，是如何穿戴文胸的问题。

女孩到了适当的年龄，衣柜中就多了一件必备的衣物——文胸，但处于青春期的女孩，认为文胸有着一种神秘感，对于怎么穿戴文胸，也有很多疑问，那么，究竟怎么穿戴文胸呢？

（1）挑选适合自己的文胸。

（2）立于镜前，放松自己，然后将肩带穿过双臂，套在两肩上。

（3）上身稍稍前倾，两手按住文胸的钢圈底边，轻轻地从胃腹部上移到乳房隆起的根部，使乳房完全套进罩杯内。

（4）两手沿着文胸的底边向两侧滑向背后，扣好挂钩。继续放松前倾的姿势，一只手托在钢圈的下方，另一只手伸进罩杯内从背部开始将罩杯上面及四周的脂肪和胸肌一起完全拨弄进去，并调整好肩带。

（5）检查文胸的钢圈是否紧贴在乳房隆起的根部。因为钢圈起到支撑固定和塑形的作用。一旦发现有压迫的情况再进行第二次拨拢归位，以免脂肪流失，胸部变小。再看罩杯的大小是否合适，如有压迫和切割的形状，说明文胸的罩杯小，杯级不够深，这时一定要更换稍稍大一个罩杯的型号。最后检查文胸的肩带是否调好，底边是否松紧适度，抬手时有无上移或滑动，它的后背位置是否在蝴蝶骨的下方，前方心位是否正中。

正确地穿戴文胸，能让女孩的乳房发育得更加健康、优美。

其次，青春期女孩，该怎样清洗文胸？

文胸是女孩在发育到一定年龄以后最贴身的衣物，文胸的清洁对于青春期女孩的健康来说是非常重要的，如果清洗方法不正确可能会导致文胸变形或清洗不干净，因此到底如何清洗是对的呢？

（1）在水温上，最好用冷水或比体温略低的温水洗涤，切勿使用热水，然后放入中性洗剂洗涤，等洗剂完全溶解后，才可放入文胸，洗剂不可直接沾于文胸上，否则会导致皮肤瘙痒。

（2）应以"轻按"的方式手洗，文胸不能过分挤压，以免弄皱。特别是有钢圈的文胸，不要用力揉搓。

（3）特别脏的地方不要用小刷子刷，而要利用内衣自身的面料互相摩擦，即可完全去除污渍。使用洗衣机时请使用洗衣网洗涤。避免与外衣共洗，以免造成不洁；也不要与深色衣物混在一起洗涤，以免造成串色。

（4）怎样清理文胸上的污渍。

汗渍——用米汤水浸泡，稍微搓洗后冲净。

果汁——将面粉撒于污渍上，以清水搓洗。

血渍——用牙刷沾上洗剂稀液刷洗。

（5）清洗完文胸后，应该采取以下方式晾干。

①不要用手拧干。用干毛巾包裹，用手挤压，让毛巾吸干水分后，将内衣拉平至原状，要将罩杯形状整理好。

②悬挂点要正确。要以杯与杯中间点为中心，将清洗过的文胸悬挂起来，切忌将肩带挂上，因为水分的重量会把肩带拉长。

③不要暴晒。日晒易使衣物变形及褪色，所以内衣只能放在阴凉通风的地方晾干。

正确地清洗文胸，会让一件文胸的寿命更长久，也会让女孩在穿戴时更加舒适！

文胸是伴随女性一生的朋友，亲爱的女儿，妈妈告诉你这些，是希望你从青春期就开始学会细心地对待文胸，学会正确地穿戴和清洗文胸，使之穿在身上舒适，真正起到保护乳房的作用！

胸小，被人称为"飞机场"怎么办

为什么有些女孩乳房的发育很晚呢？

女孩进入青春发育期，最先发育的是乳房。在体内雌性激素的影响下，乳腺开始发育，这时乳房内除了许多细长的乳腺管不断发育外，还积累了不少脂肪，由于乳腺组织较硬而脂肪组织较柔软，所以乳房日渐隆起，而且富有弹性，成为女性成熟的标志。但是，乳房发育的情况，如乳房的大小、对称、发育早晚、发育异常等都成为女孩青春期烦恼之源。

每个女孩的身体发育有其自身的个体差异，毕竟，每个女孩的身体机制不一样，有的女孩才八九岁乳房就开始发育了，而有的女孩要到16岁或更大点乳房才开始发育。一般情况下，女孩在月经初潮之前，也就是九十岁，乳房就开始发育。超过16岁，女孩的乳房还是没动静的话，就应该引起重视，应警惕是否性发育迟缓或卵巢发育不良。乳房刚刚开始发育时，构成乳房的乳腺及其周围的脂肪组织在乳头及其周围的乳晕形成一个纽扣样的小鼓包，使乳头和乳晕隆起，乳头开始变大。而后乳头隆起更明显，也渐渐变得更丰满，最后发育为成人的乳房形状。乳房发育的速度也因人而异。有些女孩发育得早，发育速度却比较迟缓；而有些女孩发育得虽然晚，却发育得较快，花苞般的乳房很快发育成熟。

的确，每个女孩都希望自己能拥有成熟女性丰满坚挺的乳房，这也是女性曲线美的重要表现。为此，一些乳房发育较晚或者较小的女孩会发愁，"为什么我是'飞机场'？"这些女孩甚至很自卑，不敢去公共浴室洗澡，不愿意参加一些公共活动，她们总感觉自己被人指指点点，当同龄人的乳房发育比自己好时，她们会怀疑自己是不是发育异常，甚至怀疑自己是不是生病了。

事实上，女性的乳房发育并不是千篇一律的，乳房发育的早晚、大小除了受激素的影响外，还受遗传、环境因素、营养条件、体育锻炼等多种因素的影响。但乳房发育的早晚与以后乳房发育的大小和快慢是没有直接关系的。因此，女孩不必为乳房发育晚而担忧，同时，只要生殖器官发育及月经均正常，就不会影响成人后的哺乳功能和生育能力。当然，如果月经初潮后很长时间乳房还没有开始发育，就有必要到医院检查一下，请医生诊断是属于生理性的，还是病理性的，以便采取对策。

亲爱的女儿，作为父母，我们告诉你这些话，是要让你明白，每个女孩胸部的发育情况并不是一样的，平时要注意保护好自己的胸部，也要学习一些乳房发育和保健的卫生知识，正确对待发育过程中的生理现象。不要因为担心自己乳房小而采取丰乳的措施，这样可能会影响乳房的正常发育。其实，胸发育的早晚都不是问题，健康成长才是最重要的。

乳房有哪些异样

1. 乳房左右不对称

女性的两个乳房不一定完全相等，只能说大小相似。尤其是处于发育阶段的少女，乳房尚未发育完成，也会出现左右发育不平衡的现象，有的女孩两个乳房一侧稍大，一侧稍小；有的女孩一侧稍高，一侧稍低。这主要是因为，两个乳房对雌性激素的反应不一致，腺体增生活跃的一侧乳房就显得大一些。左右乳房大小不一致的现象对以后的生育和性功能并无影响，对身体健康也没有不利之处。到发育成熟时，两个乳房的大小就会一样。青春期女孩会注意到自己乳房不一样大，但差别并不太明显时，往往除了自己外，别人觉察不到。但是，成人以后，如果两侧乳房大小相差悬殊，就应该引起重视，应立即去医院检查。

2. 乳房疼痛

青春期的时候，少女往往会出现乳房胀痛的症状，为此，很多女孩忧心忡忡，以为自己患了什么疾病。实际上，这也是正常的生理现象，因为从生理发育的进程看，女孩子到了9~13岁，下丘脑分泌一种促性腺素释放激素，从而促进脑垂体产生促性腺激素，促进卵巢发育，使之分泌雌性激素，于是乳房逐渐隆起，摸起来内部有一个质地较硬的块状物，呈豌豆或蚕豆大小的圆丘形硬结，伴有轻微胀痛或隐痛感，这表明乳房内的腺体开始发育。月经初潮后，随青春期乳房的发育成熟，疼痛感会自行消失。因此，女孩不必为此担忧。

3. 乳头内陷

女性乳房是疾病最容易"造访"的部位，如乳腺增生、乳腺炎、乳腺癌等。乳头内陷，是一种较为常见的畸形。

正常情况下，乳头应为圆柱状，伸出乳房平面1.5~2厘米，呈一结节状，如果乳头未高出乳房皮肤，且牵拉也不高出者，称为乳头内陷。青春期，女孩的乳房也随着身体的发育逐渐发育完善，但有时候，不少女孩发现自己乳头凹陷，却因为羞于启齿而隐瞒过去。对此，女孩一定要正视，因为只有早发现、早治疗，才能早纠正，乳房健康在一定程度上关系到一个女人一生的幸福。

在先天性患者中，遗传因素起了很重要的作用，当乳腺导管、乳头肌肉发育异常时即可导致乳头内陷。在后天性乳头内陷中，感染因素是导致乳头内陷的主要因素之一。

乳头内陷对身体健康影响不大，患者可以结婚、生育。乳头内陷虽然不是大病，但如果不及时矫正，会带来不良后果：一是乳头深陷在乳晕皮肤内，局部凹窝处长期得不到清洗，分泌物及污染物易发出臭味，引起乳头乳晕发炎，甚至出血、糜烂，形成慢性炎症；二是乳头不外露，婴儿吸不出乳汁，从而影响婴儿的发育；三是产妇乳汁排出不畅，会导致乳管阻塞，乳汁淤积，容易发生急性乳腺炎、乳腺脓肿，甚至可能增加患乳腺肿瘤的概率；四是乳头内陷有损女性胸部美，失去应有的曲线。因此，对乳头内陷需积极进行治疗。

乳头内陷是可以矫正的，矫正的时机应选在生育以前。轻度乳头内陷可采用保守治疗：每天用温水清洗两次，然后轻轻地往外牵拉，牵拉的力度不可过大，以免使乳头受到损伤。也可在洗澡擦乳头时把它轻轻地向外提拉，反复牵拉，就可以使乳头外凸了。如果拉不出，可将两手拇指放在乳头两侧用力来回推动，每天3次，每次上下左右各做5遍。此外，还可用人工口吸办法进行矫正。

4. 乳晕周围长毛发

首先要从人的毛发生长谈起。人体的毛发几乎遍及全身，仅仅掌跖、指趾屈面、唇红区、龟头、包皮内面、小阴唇、大阴唇内侧及阴蒂等处无毛。人体的毛发通常可分为硬毛和毳毛两种。硬毛比较粗长，毳毛比较细软。其中硬毛又可分为长毛（如头发、胡须、腋毛与阴毛等）和短毛（如眉毛、睫毛、鼻毛与耳毛等）。正常情况下，女孩子乳头和乳晕部位一般不应该有粗长的毛发长出。若女孩子在青春发育期各方面发育正常，月经正常来潮，仅仅乳晕部位有几条粗毛长出，可能跟发育期性腺内分泌功能过于旺盛有关，一般可不必处理。若乳晕长粗毛的同时伴有其他部位多毛，月经不正常，身体过于肥胖或消瘦，乳房不发育或发育不良等表现，可能是性腺内分泌异常，就须到医院请大夫给予检查治疗。

亲爱的女儿，处于青春发育期的你，要学习一些乳房发育和保健的卫生知识，正确对待正常发育过程中的生理现象。另外，为自己乳房大小而担忧的青春期女孩，不应采取束胸或丰乳的措施，以免影响乳房的正常发育。

乳头为什么会有分泌物

其实，这是青春期女孩的泌乳现象。那么，青春期女孩为什么会分泌乳液呢？

乳房是哺乳动物共同的特征，但在各个不同时期的变化中，机体内分泌激素水平差异很大，受其影响，乳房的发育和生理功能也各具特色。

当女孩还是新生儿的时候，有些女孩也会有泌乳的现象。由于母体的雌性激素可通过胎盘进入小婴儿体内，引起乳腺组织增生，故约有60%的新生儿在出生后2～4天，乳头下有1～2厘米大小的硬结，并有少量乳汁样物质分泌，随着母体激素的逐渐代谢，这种现象可在出生后1～3周自行消失。在婴幼儿期，乳腺基本处于"静止"状态，腺体呈退行性变。

女孩子到了13岁左右，身体开始发育，进入人们常说的青春期，开始有了月经，同时，作为第二性征的乳房也明显地得到发育。乳房内部有腺泡和腺管，腺泡细胞有泌乳的功能，腺管是乳汁的通路。这两种结构是在妇女卵巢分泌的女性激素（又叫荷尔蒙）的刺激作用下发育成长起来的。

自青春期开始，受各种内分泌激素的影响，女性乳房进入一生中生理发育和功能活动最活跃的时期，直至绝经。

乳房开始发育的时候，女孩首先会察觉到乳头开始慢慢突出来，然后，乳腺也开始发育，脂肪和血管增多，使整个乳房隆起，这一变化从外观就可以看出。同时，乳头四周棕色的乳晕逐渐扩大，乳房充分发育，大约有80%的女孩直到16~19岁时乳房发育才接近成人。

乳房发育过程中是不分泌乳汁的。其原因应从泌乳素的来源说起，泌乳素是从人脑里一个内分泌腺，叫作脑下垂体（大约有1克大小，状似蚕豆）的细胞产生的，但是它还要受到下丘脑分泌的泌乳素的抑制因子的控制，限制脑下垂体分泌泌乳素，所以泌乳是产妇育儿的一种特殊功能。一般妇女，尤其是青春期女孩是不会出现泌乳功能的。

那么，为什么有些女孩会泌乳呢？这主要有两个方面的原因：一是脑下垂体长了泌乳素性腺肿瘤；二是虽没有长泌乳素性肿瘤，但由于脑下垂体细胞受下丘脑分泌的泌乳素促进因子的刺激，导致泌乳素分泌过多，这叫作高泌乳素血症。

高泌乳素血症的患者，除了溢乳外，还常常伴有不同程度的月经紊乱，严重者甚至出现闭经、毛发脱落、体重增加、头痛、视觉障碍、外生殖器萎缩等症状，形成以溢乳、闭经、不孕为主要表现的疾患，也称为"溢乳——闭经综合征"。但是，不管症状表现的轻重程度如何，其主要原因都是产生过量泌乳素。可引起高泌乳素血症的原因很多，大致可分成以下几类：下丘脑性障碍、垂体障碍、原发性甲状腺功能减退、药物因素、神经刺激等。

通过头颅CT或核磁共振及测定血清里泌乳素的含量可进一步确诊。如果有肿瘤可以用伽玛刀治疗，不用开颅就可以治愈；如果不是肿瘤，只是高泌乳素血症，对症服药就可以，但是必须在医生指导下用药。

在卵巢分泌黄体酮以前，腺小叶发育极其有限。性成熟后，尤其是妊娠期间，在黄体酮与雌性激素的联合反复作用下，腺小叶能充分发育。腺小叶的发育，需经一定强度的激素刺激，以及适当比例的雌性激素与黄体酮的作用；否则，末端乳管的上皮细胞易发生异常，如囊性增生病。

所以，亲爱的女儿，处于青春期，检查自己的乳房会不会出现问题，就变得尤其重要。要学会自我检查乳房。

如何科学地帮助乳房发育

女性乳房是集哺乳功能和特有的女性美象征为一体的器官。在现代社会，随着文明的发展和服饰的变化，女性乳房"美"的功能被人们高度重视，成为女性美的必备条件。每一个女性都希望有一对丰满和富有弹性的乳房，使之构成女性特有的流畅、圆润、优美的曲线。大小适度、形态正常的乳房是妇女体态健美和显示特征的标志之一。两侧乳房过小，则妇女的胸部扁平，失去正常的凸凹起伏轮廓。如一侧乳房过小，则使胸部左右对称失调。乳房过小，可引起情绪不安（尤其是青年女性），或给从事某些职业如文艺、外事、体育工作的人，造成体形上的不利条件，于是，有了丰胸产品的出现。

女孩子进入青春期后，开始意识到自己的身体正悄悄地发生变化，所谓爱美之心，人皆有之。很多青春期少女为了拥有魔鬼般的身材，也开始偷偷使用丰胸产品或者进行丰胸手术，殊不知，青春期女孩盲目使用丰胸产品，有着极大的危害。

少女正处在生长发育的旺盛时期，自身卵巢就会分泌雌性激素，而且比任何时期都旺盛得多，一般的丰胸产品，作用就是刺激雌性激素的分泌，这虽然会促使乳房的发育，但也会导致身体内激素的紊乱。丰胸产品的使用如果使女性体内的雌性激素水平持续过高，就可能使乳腺、阴道、宫颈、子宫体、卵巢等患癌瘤的可能性增大。常用的雌性激素有苯甲酸雌二醇、乙烯雌酚等。滥用这些药，不但易引起恶心、呕吐、厌食，还可导致子宫出血、子宫肥大、月经紊乱和肝肾功能损害。

那么，青春期的女孩子该怎样科学地帮助乳房发育，不做"飞机场"呢？

1. 注意营养的摄入

青春期是长身体的阶段，每天都需要充足的能量和营养元素，青春期女孩应该多吃鸡蛋、鱼、肉等蛋白质含量高及水果、蔬菜等富含各种维生素的食物，以利于增加胸部的脂肪量，保持乳房的丰满。

很多女孩子爱美，羡慕时尚人士的纤瘦，也希望自己拥有魔鬼般的身材，于是节食减肥，其实这是不可取的，会因小失大。青春期需要比其他年龄段摄入更多的能量和营养，节食，不仅对身体无益，也无法供应乳房发育所需的营养，这就是很多偏瘦的女孩子乳房较小的原因之一。

2. 适当的运动

健是美的基础。想拥有健美的乳房，保持乳房韧带的韧性和胸部肌肉群的弹性是十分重要的。青春期女孩经常参加体育锻炼和运动，有利于机体内分泌的平衡，这对于保持乳房的丰满是很重要的。尤其可进行一些增加胸肌群的运动，这有利于乳房发育。具体说来，女孩子可以按照以下几种方式练习。

（1）俯卧撑

双膝并拢跪在地上，双脚抬起、俯身向前，双手着地与肩宽，保持背部挺直及臀部收紧；慢慢屈臂至胸部触到地面，再慢慢将身体向上推，回到原位。为保持胸部肌肉持续的紧张状态，在移到最高点时不完全挺直肘关节，重复10次。做此练习时，胸部一定要挺起，不要下垂，腹肌收紧，当身体放下时，腰不要塌下。

虽然这个动作相当累人，但它已经被公认为最有效的丰胸运动。只要养成每天做的习惯，不但能丰胸，还能收紧腹部。实际上做俯卧撑本身并不能使乳房增大，因为乳房里并无肌肉。但通过锻炼能使乳房下胸肌增大，胸肌的增大会使乳房突出，看起来胸部就变得丰满了，而且确实弹性增加。

（2）游泳

游泳是一个很好的丰胸运动。游泳时上肢活动量大，呼吸深而有节奏，加上水的阻力，就像是胸部肌肉在进行负重练习，使胸部肌肉群的力量和弹性增加，这是使乳房健美的一种简易的方法。

（3）体操

双手在胸前合十，手肘尽量抬高，左右互推；收腹挺胸，用肩膀的力量尽量使手臂向上伸直，不要踮脚尖，腰部以下不要用力；双手在身后合十，尽量后伸。

第一个动作可锻炼胸部韧带，使胸部更加挺拔；第二个动作能锻炼胸肌、托高胸部；最后一个动作可调整脊椎和肩膀的宽度，防止胸部下垂。

3. 穿戴合适的文胸

为了避免在运动时对乳房造成损伤，尤其为了防止乳房下垂、外扩等情况的发生，青春期的女孩要及时穿戴文胸。并且在选择时注意文胸的尺寸是否合适，因为太紧会限制乳房的发育，太大又不能起到保护作用。

4. 按摩

乳房按摩不仅可促进胸部肌肉群的活动，增加其张力，而且可通过皮肤直接地刺激乳腺，使乳腺发育，达到丰胸的目的。具体方法是，用自己的双手交替按摩乳房。即用右手按摩左侧乳房，左手按摩右侧乳房，先从乳房下侧逐步向上至腋下间的皮肤。因为人体的经络，如肝经、肾经和胃经等都是通过这里通向乳房的。按摩一般可在晚上睡前进行，也可在早晨起床前或淋浴时进行。每日按摩1～2次，每次10～15分钟，一般坚持3个月就能收效。

亲爱的女儿，妈妈告诉你这些，是要让你认识到，成长的过程中，会因为生理问题有一些烦恼，但要注意科学地调节，也希望所有的青春期女孩，科学地对待乳房发育问题，科学地帮助乳房发育，不做"飞机场"！

如何保护乳房不受伤

既丰满又健康的乳房才算得上是完美的乳房。乳房受伤，有来自外界的伤害，也有自身错误的保养方式。那么，青春期女孩该怎样保护自己的乳房呢？

1.穿戴合适的文胸，保护乳房

青春期的女孩子，有两种做法都是不正确的，那就是穿戴不合适的文胸，或者不穿戴，这两种做法都会对乳房有害。

选择合适的文胸是保护双乳的必要措施，切不可掉以轻心。合适的文胸，一般是指尺寸适中、面料舒适的文胸，具体地说，女孩在穿戴文胸的时候，要遵循以下三个原则。

（1）文胸尺寸的大小应该根据女孩乳房大小和胸围大小等方面来选择，通常情况下，应该选择能覆盖住乳房所有外沿的型号为宜。穿戴的时候也不可有压抑感，即文胸不可太小，太小的文胸会阻碍乳房的发育，甚至使乳房变形。

（2）文胸的肩带也不宜太松或太紧，应是可少许松紧的松紧带。

（3）在面料上，最好选择纯棉的内衣，不宜选用化纤织物。

另外，青春期女孩不能束胸。有些女孩认为乳房的发育和逐渐成熟是一件令人害羞的事，于是故意束胸，使其变得不明显。实质上，这种想法没必要，这是每个女性到青春期身体发育的必然，是正常的生理现象。另外，束胸的危害很大，正如有句话说：文胸是友，"束胸是敌"，青春期发育时束胸有以下危害。

一是胸廓无法扩大，对健康不利，长期束胸，阻碍乳房发展。

二是影响其他器官的正常发育。胸廓内有肺、心脏、大血管、食管，这都是人体生存的重要脏器。束胸会限制这些脏器的发育，尤其是肺，它膨胀松软很容易被挤压，造成肺活量变小，而肺活量小者，其体质也差。当乳房发育到一定程度是需要穿戴文胸的，合适的文胸不仅可使高耸的前胸"顺眼"一些，还可以保护乳房免受损伤，最好选用普通的棉布文胸，因为它透气、吸汗、不刺激皮肤，化纤不吸湿也不透气，另外，棉布的价格也相对便宜一些。

还有一些女孩，常常不穿戴文胸，认为乳房未长成，故不必穿戴文胸。其实这也是错误的，若长期不穿戴文胸，不仅乳房易下垂，而且也容易受到外部损伤。只要文胸穿戴合适，就不会影响乳房的发育，有利无害。

2. 注意保护乳房不受外界强力的挤压和伤害

女孩在生活中，尤其是在一些体育活动时，一定要注意保护自己的乳房，另外，睡觉时也应该注意姿势。一旦乳房受伤，可别大意，应该及时处理。

那么，女孩乳房受伤后该怎么办呢？这主要根据情况的严重程度来定。

（1）当乳房受到撞击等伤害后，倘若没有发生表皮破损或皮下瘀血，通常不需特别处理，只需进行观察。疼痛明显者可服用止痛药止痛。

（2）倘若受伤后的乳房出现了皮下瘀血或血肿，只要血肿不大，可采用冷敷，因为局部血管遇冷后发生收缩，出血就可停止。3天后，再采取热敷，促使瘀血或血肿吸收。倘若乳房血肿较大，或冷敷后血肿仍增大，应及时去医院诊治，可将乳房瘀血抽去然后给以加压包扎，防止继续出血，同时应服用抗生素防止继发感染。

（3）如果乳房皮肤有破损应立即进行清创、消毒，同时给予足量抗生素预防感染。如果乳房受伤部位发生红肿、发热及疼痛，就是炎症的表现。炎症早期，在给予大量抗生素治疗的同时，还可采取局部热敷，促进炎症吸收。一旦感染部位产生跳痛，用手触摸时，局部有波动的感觉，已是乳房感染的脓肿期，表示感染局部的脂肪等组织已发生坏死。此时，上述治疗方法已难有效果，应行乳房脓肿切开引流术。

女孩乳房受伤后，尤其是乳房脓肿，治愈后有可能影响日后的泌乳功能。感染严重者还可能因局部组织的疤痕粘连、挛缩，造成局部皮肤凹陷、变形，影响身心健康。因此，女孩应尽量保护乳房免受外力伤害，一旦乳房受到损伤，应尽早就医治疗，以防发生后遗症。

3. 不盲目节食减肥，充分供应乳房需要的营养

的确，控制饮食也可控制体重，但青春期，身体的各个部位都需要充足的能量才能保证发育完善，对于乳房而言，乳房内部组织大部分是脂肪。乳房内脂肪的含量增加了，乳房才能正常发育，因此，女孩要注意摄入营养丰富并含有足量动物脂肪和蛋白质的食品。生活中，有些女孩子，一味地追求苗条，不顾一切地节食，甚至天天以素菜为主，结果使得乳房发育不健全，干瘪无形，那么其他养护措施也就于事无补了。

4. 通过锻炼和运动使得乳房更健美

和身体一样，乳房也需要锻炼，女孩在保证自身锻炼的情况下，也可适当做些专门针对乳房健美的锻炼，如可适当做些丰乳操，轻度按摩也可使乳房丰满，锻炼的目的是使乳房下胸肌增大，胸肌的增大会使乳房突出，看起来乳房就大了。

5.忌不科学丰乳

少女正处在生长发育的旺盛时期，要尊重成长的规律，乱用丰胸产品，对身体有害无益。

亲爱的女儿，妈妈告诉你这些，是让你形成一种自我保护的意识，要知道，女孩的身体是坚强的，也是脆弱的！

第4章

女人月事：不知所措的月经初潮的来临

蝴蝶的长成需要一个破茧成蝶的过程，对于女孩也一样，女孩也是在慢慢长大，月经就是女孩成熟的一个标志，这意味着女孩不再是小女孩，而开始变成女人，走向成熟。因此，女孩不必担忧，也不必害怕来月经，这是你生理成熟的一个信号，来月经除了能表明女孩开始成熟以外，还意味着女孩的身体状况良好，因此，女孩不要总是抱怨来月经时带来的麻烦，其实，你应该感谢来月经，要把月经当成自己的"好朋友"。

"好朋友"在学校突然造访如何应对

在旧社会，由于生理知识的缺乏，很多女孩到了青春期以后，来了月经，会有一些症状，如恶心、腹胀、痛经，以及情绪不稳定、紧张易怒，常常会觉得束手无策、无以应对，又因为害羞、不好意思而不愿意向包括妈妈在内的人咨询、了解，难免产生恐惧心理，就形成来月经就是"倒霉"的心态。实际上，青春发育期开始后子宫内膜在雌性激素和孕激素的作用下出现月经，是一种正常的生理现象。正常、健康的少女都必然要来月经，始终不来月经可以肯定是一种病态。有些少女把来月经叫作"倒霉"，其实，不来月经才是真正倒霉哩！来了月经，不必紧张，不必害羞、怕臊，大胆地把来月经后出现的一些问题告诉妈妈或女老师，请她们帮助你。

青春期的少女对月经都有一些困惑，当月经来临时也不知道怎么办，尤其是在学校时，月经突然造访，往往会弄得女孩措手不及且十分尴尬。其实应对这种突发状况的办法很简单，就是随时在书包或者抽屉里放一片卫生巾。如果恰好身边没有卫生巾的话，女生还可以这样。

（1）如果是初次来月经，通常出血量都不多，你有足够的时间去向同学借或去商店买卫生巾。

（2）如果月经在上课时间突然到来，可以向老师示意自己肚子疼，要上厕所，一般作为成年人的老师都会明白你的意思，也会很通情达理地同意你的请求。

另外，每个女孩在学校都有要好的朋友，这时候，就是"体现友谊"的时候了。当你感觉自己"有情况"或者怀疑"到时间"了，你可以对你的好朋友使个眼色，让她看看自己的裤子是不是脏了，此时，千万不可贸然从椅子上站立起来，男同学看到了会很尴尬，如果真的有"情况"时，也不要慌张。找件外衣系在腰上，或是找一本大大的书用手拿着背在身后，再让好朋友掩护着离开教室。

（3）如果经血量不是很多，身边又有足够的卫生纸或纸巾，可以把卫生纸反复折叠到足够厚度使用，先解燃眉之急。

（4）学校里的任何一位老师，不管是不是班主任、是不是任课老师，都会帮助你的。可以请老师支援你一片卫生巾救急（如果你自己没有准备的话）；可以请老师帮忙给妈妈打电话送套干净衣裤或是临时找件能替换的；如果肚子又痛又胀，影响到上课，可以请老师帮助弄些热水、红糖水喝，或是找个地方稍稍休息一会儿。

还是那句话，这些现象都是青春期发育过程中必须经历的，不随个人的意志转移，也是最正常的事情，没有什么不好意思的。那么，最好的办法就是"既来之则安之"，平心静气地接受它，用合适的方法解决问题、应对问题，否则不是有点儿"螳臂当车""庸人自扰"了嘛。

总之，亲爱的女儿，如果你的"好朋友"突然造访，完全不必惊慌或害羞，因为你绝对不是第一个发生这种情形的同学！

"好朋友"来得不规律怎么办

月经的规律与不规律要从周期和量的两个方面来考察。

女孩月经第一次来潮称为初潮，出血的第一天称为月经周期的开始，两次月经第一天的间隔时间称为一个月经周期，一般为28～30天。提前或延后7天左右仍属正常范围，周期长短因人而异。而且，每个女性的身体情况不一样，来月经的周期也不一样。

女性在月经初潮后的头一两年之内，月经不能按时来潮，或提前或延后，甚或停闭数月，这是由于肾气未能充盛所致，这些女子只要无明显全身证候，待身体逐渐发育成熟后，自能恢复正常，这也是常有的生理现象，一般不需要做任何治疗，因此，女孩不必为此惊慌。

生活中，也有少数女性，月经周期并不是遵循一月一次的规律，但她们身体无特殊不适，定期两个月或三个月，甚至一年，月经来潮一次，古人分别将定期两个月月经来潮一次者称为"并月"；3个月月经来潮一次者称为"居经"；一年一行者称为"避年"。也有极个别的妇女，终生没有月经来潮，但又不影响正常生育者，古人称为"暗经"。还有的妇女在怀孕早期，仍按期有少量月经来潮，但对胎儿无不良影响，古人称为"激经"，当然，这都属于个别现象。

所以，青春期女孩发现身体见红的时候，不必惊慌，这是身体在发育的信号，只要注意月经期的一些小问题，并不影响学习和生活！

很多女孩问："到底月经量多少才是正常呢？我的月经量是不是正常？"有这样的疑问很正常的，月经量多少关系着女性的健康和身体综合素质，所以不能忽视。每个女孩都应该对月经量多少为正常有一个大体的认识，以便及时发现自身的某些疾病或不适。

月经量是指经期排出的血量。正常人月经血量为10~58毫升，个别女性月经量可超过100毫升。有人认为每月失血量多于80毫升即为病理状态，但也不尽然。

一般月经第2~3天的出血量最多。由于个人的体质、年龄、生活环境和生活条件的不同，经量有时略有增减，均属正常生理范畴。

月经量多少为正常很难统计，生活中，我们常用每日换多少次卫生巾粗略估计量的多少。正常的用量是平均一天换四五次，每个周期不超过两包（以每包10片计）。假如每月用3包卫生巾还不够，而且差不多每片卫生巾都是湿透的，就属于月经量过多。

女孩应该对自己的月经量有个大概的了解，如果月经量过多或者过少，都应该到医院查明原因，但不必过于惊慌。

那么，什么是月经不规律呢？

月经不规律，也就是人们说的月经不调。月经不调是泛指各种原因引起的月经改变，包括初潮年龄的提前、延后、周期、经期与经量的变化，是女性病最常见的症状之一。月经不调的症状当然有很多，一般包括月经周期不准，超前，落后，无定期，经量过多、过少，色泽紫黑或淡红，经血浓稠或稀薄等，统称为月经不调。

引起月经不调的生理原因有两大类。

（1）神经内分泌功能失调引起。主要是下后脑——卵巢轴的功能不稳定或是有缺陷，即月经病。

（2）器质病变或药物等引起。包括生殖器官局部的炎症、肿瘤及发育异常、营养不良；颅内疾患；其他内分泌功能失调如甲状腺、肾上腺皮质功能异常、糖尿病、席汉氏综合征等；肝脏疾患；血液疾患等；使用治疗精神病的药物；内分泌制剂或采取宫内节育器避孕者均可能发生月经不调。某些职业如长跑运动员容易出现闭经。此外，某些妊娠期异常出血也往往被误认为是月经不调。

总之，亲爱的女儿，对于月经，你要学会自检，当出现月经周期提前或错后7天以上，或先后无定期；月经量少或点滴即净；月经量多或行经时间超过8天以上这些症状的时候，就是"好朋友"不规律了，要及时向长辈寻求帮助。

经期不适怎么调节

1. 经期肚子痛

来月经时肚子痛，就是人们常说的"痛经"。有不少女孩就有痛经的症状。在行经前或经期中会感到腰酸、下腹坠胀，个别人还会全身无力、容易激动发脾气等，这一般不影响日常生活。所以，女孩不应该自作主张服用止痛片。

其实，痛经也是有一些原因的。引起痛经的原因很多，有生理的，也有心理的。

（1）生理上的原因。如经血不畅、体质虚弱，气血不足、子宫位置异常、子宫颈口狭窄、子宫发育不良、子宫收缩增强或不协调等都是造成痛经的原因。痛经固然在月经过后会自然消失，但若不采取积极的预防措施，将会造成身体和精神上的痛苦。

（2）心理上的因素。如情绪激动、抑郁、精神紧张等，有时过度疲劳、剧烈活动、淋雨、受凉、大量食冷饮等也可以引起痛经。

如何减缓痛经呢？

首先，要预防痛经的发生，这主要和自身身体素质有很大关系。因此，女孩要在平时多加强体育锻炼，消除对月经的恐惧、忧虑和紧张情绪；注意经期卫生，行经时避免过度劳累，少吃生冷和刺激性的食物，并避免淋雨或洗冷水澡等。

其次，可以喝一杯热红糖姜水，或采取俯卧位休息，也可在下腹部放一个热水袋或用热毛巾轻轻揉腹部。轻微活动一下也有助于排出子宫内的充盈物，从而缓解疼痛。

最后，如果疼痛非常厉害还可以服去痛片、安定片等药物，短时间就可以止痛，当然，这也要在医生或者家长的允许下服用。重者应去医院就诊，尽量让痛经不要影响到自己的学习和生活。

痛经会随着女孩年龄的增长有所好转，并不是什么病，因此，不必担忧。

2. 行动不便

青春期女孩最害怕的是经期时上体育课。那么，女孩子如何注意经期体育锻炼？在正常月经期，完全可以参加适当的体育活动。适度的运动和锻炼，不仅对月经没有影响，还会促进女孩的身体血液循环，增强抵抗力。对于初来月经的少女来说，在初潮后的一两年内，由于发育尚未完全成熟，容易受到不良因素的干扰和刺激，引起月经不调或闭经，所以，在这个时期适宜做些体力强度较小的锻炼，如徒手操、排球、乒乓球、羽毛球等。随着发育的成熟和月经周期的规律化，可逐步加大运动量。

当然，女孩应该在经期注意避免进行剧烈的、高强度的体育运动，如长跑、急跑、跳高、跳远、跳箱、高低杠等，也不能进行增加腹压的力量性练习，以免造成经血过多或子宫位置改变。在经期还应禁止参加游泳活动，因为首先，经期本身就应该忌冷水。其次，在经期子宫口开放，易受感染。

此外，月经期还不宜参加体育比赛。因为体育比赛时精神紧张、活动量大，容易引起月经紊乱、腹痛、经量过多或过少等。患有痛经、经量过多或其他疾病的女孩子在月经期要适当休息，减少或停止锻炼，并加以积极的治疗。

3. 情绪不对劲

经期女孩要注意调节情绪，劳逸结合。情绪过度波动、紧张，会引起中枢神经系统与下丘脑垂体间的功能失调，使促性腺激素的分泌受到影响而引起月经不调。

的确，很多女孩在月经来潮前和行经时，常会发生如恶心、食欲不振、头痛、失眠、乳房胀痛、腰酸背痛、便秘或腹泻之类的症状，甚至出现眼皮、下肢浮肿等；在情绪上也与平时完全不同，或表现为暴躁、易怒、好斗，或表现为压抑、忧虑、懒散、倦怠、脆弱、好哭泣。对此，女孩要学会在情绪上自我调节，不妨干些自己乐意做的事，听听音乐、和朋友聊天、和家人一起散步等。另外，要多喝开水，多吃水果、蔬菜，饮食清淡，不可过食辛辣生冷食物，以减少子宫充血，并保持大便通畅。这样，对心情也会有所帮助。

因此，亲爱的女儿，处于青春期的你对月经还没有全面的认识，当月经来临时，对月经带来的身体不适，往往"招架不住"，容易情绪低落、发怒，影响整个的生活和工作状况。对此，女孩一定要学会自我调节，毕竟，月经是伴随女人大半辈子的事情，学会自我调节对安全度过月经期是很关键的。

经期饮食禁忌知多少

女性来月经虽然是正常的生理现象，但是由于行经期间失血，容易感到疲倦，还有的女性被痛经、行经不畅等痛苦所困扰。如果在月经期注意一些饮食禁忌，对行经的通畅是有好处的。不妨学习以下几条。

1.总的原则

女孩子在月经期来临时，要调整好自己的食谱，经期前一周，就要饮食清淡，多吃易消化、富含营养的食物。如豆类、鱼类等高蛋白食物，并增加绿叶蔬菜、水果的摄入量，也要多饮水，以保持大便通畅，减少骨盆充血。

月经来潮初期时，女性常会感到腰痛、不思饮食，这时不妨多吃一些开胃、易消化的食物，如枣、面条、薏米粥等。

月经期会损失一部分血液，经期后需要及时补充，可以多补充含蛋白及铁、钾、钠、钙、镁的食物，如肉、动物肝脏、蛋、奶等。

2.青春期女孩经期禁忌食物

（1）过咸的食物。过咸的食物会使体内的盐分和水分储留增多，在月经来前，很容易发生头痛、情绪激动和容易生气等症状，也容易引起水分郁积，身体浮肿。

（2）碳酸类饮料。有些女孩，在月经期会出现疲乏无力和精神不振的现象，这是铁质缺乏的表现。此时，就不适合喝一些碳酸类饮料，如可乐、汽水等，因为这些饮料大多含有磷酸盐，同体内铁质产生化学反应，使铁质难以吸收。此外，这些饮料中的碳酸氢钠和胃液中和，会降低胃酸的消化能力和杀菌作用，并且影响食欲。

（3）巧克力。巧克力会造成情绪更加不稳与嗜糖，除了会发胖之外，也会增加对B族维生素的需求。同时，糖会消耗身体内的B族维生素与矿物质，并使人更爱吃糖类食物。进食高糖类的甜食，不但无法改善经期不适症状，反而可能因为血糖不稳定，影响体内荷尔蒙的平衡，加重不舒服的感觉。

（4）一些生冷的水果。梨、柿子、西瓜等水果具有刺激性，容易使盆腔血管收缩而引起经血量过少甚至突然停止。

（5）烟酒等刺激性物质对月经也会有一定影响。酒会消耗身体内的B族维生素与矿物质，过多饮酒会破坏碳水化合物的新陈代谢及产生过多的动情激素，刺激血管扩张，引起月经提前和经量过多。

总之，青春期女孩处于经期的时候，要有明智理性的饮食计划，不要盲目节食，因为饮食足够才会有温暖、安全与愉快的感觉，恶性节食，无法为身体提供正常的能量，更会因为心情紧张加重痛经。当然，女孩子也不宜吃生冷的蔬菜水果和冰冷的饮料：生冷的食物，会降低血液循环的速度，进而影响子宫的收缩及经血的排出，致经血排出不利，引起月经痛。应注意饮食的平衡，如多吃蔬菜、水果、谷类食物、面食、豆子、鱼肉、鸡蛋等。

亲爱的女儿，注意以上这些事项，就能与你的"好朋友"相安无事，让你在经期也能轻松愉快，不影响生活和学习。

卫生巾如何正确使用

首先，要科学使用卫生巾。

在月经来临时，一般月经量会有个变化的过程，女孩可根据月经量的大小选择使用卫生巾。月经量很大时，白天需用护翼型，晚间需用夜安型；平时可使用标准型；月经前后可使用超薄型或护垫。这种搭配选择一方面是为了安全、舒适；另一方面也是为了节省经期花费，因为不同型号卫生巾的花费是不同的。

另外，青春期女孩一般是在校的学生，一般情况下，很难保证每次都能用完一整包卫生巾，经常需要随身携带一两片，在课间的时候更换一下，而整包卫生巾一经打开，很容易造成污染，导致卫生巾还未使用，就已经感染细菌。因此，女孩在选用卫生巾上，宜购买独立包装的卫生巾。若还要考虑经济因素，则可购买不带独立包装，但每包片数不宜过多。

另外，在使用卫生巾时，防止"再污染"至关重要。因为人的手本身就是一个污染源，接触不同的东西都会留有细菌，因此，女孩在打开卫生巾前，最好先洗手，打开时也尽量不要接触卫生巾的表面。

其次，青春期女孩要及时更换卫生巾。

可能很多在学校的女孩羞于去厕所换卫生巾，也比较关心卫生巾需要多久换一次这个问题，对于这些少女而言，卫生巾的更换频率要根据季节和月经量的多少而定。但总的原则还是要更换得勤一些。

一般情况下，4~5小时更换一次，夏季则不应超过2小时。因为夏天气温高，而血液是细菌最好的温床，所以如果你很久不换的话，在高温的环境下，细菌很容易繁衍，而女孩子在来月经的时候，自身的抵抗力会降低很多，身体很容易被细菌侵害。

另外，换卫生巾的频率也要根据女孩的月经量来定。在月经量不多的日子，每天更换3~5次，也就是4~5小时更换一次，应该是适当的。若是月经量较多，可能更换的频率需要增加，原则上不必等到卫生巾全都润湿才予更换。同时，卫生巾的类型也分日用型和夜用型，夜间就寝时段，可以使用"夜间加强型"卫生巾，以防渗漏。不过，每个人都有不同的需求，所以依据个人的习惯来定，才是最好的方式。

如果觉得在学校不方便，可以将卫生巾放在一个小袋子里，然后放在书包的里层，尽量不要使卫生巾与书包内的其他物件直接接触，这样，可避免细菌的污染。在快下课的时候将卫生巾放入裤兜或者用卫生纸包好，带入卫生间更换。实际上，即使大大方方地拿出来，也没什么不好意思的。当然，很多女孩都年纪不大，避讳一下也是无可厚非的。量多时，可以两节课换一次，量少时三节课换一次。

最后，卫生护垫最好不要天天用。

处于非经期的女孩，为了减少清洗阴部的次数或者不清洗，喜欢使用卫生护垫，以为卫生护垫能阻挡细菌的侵入，其实，这种想法是错误的。

健康女性天天使用卫生护垫应该没有太大问题，但也不乏隐患存在：多数护垫底部都有一层塑料，透气性差，很容易造成阴部潮湿、出汗，使病原菌滋生。长期不更换卫生护垫会使局部湿度和温度都大大增加，尤其是在潮热的气候中更加明显，这样不仅给细菌和真菌的生长创造了适宜的条件，而且破坏了阴道的酸碱度，降低了局部的保护屏障作用，会造成阴道炎。加之卫生护垫的摩擦易引起局部皮肤或毛囊的损伤，导致外阴毛囊炎等疾病，所以卫生护垫不宜长期使用。

此外，有些女性使用护垫主要是为了应付过多的分泌物和下体的异味，如果有类似情况，说明身体可能存在某些病症，这时候应该及时到医院接受检查和治疗。

经期如何清洗下面

实际上，经期是必须洗澡的，洗澡也是经期卫生工作的一部分。另外，经期一定要清洗阴部，避免细菌的侵入和感染，那么，什么是正确的清洗阴部的方法呢？

（1）勤换卫生巾，每天用温热水清洗两次外阴。

（2）阴部与足部要分开洗。先洗净双手，然后从前向后清洗外阴，再洗大、小阴唇，最后洗肛门周围及肛门。晚上梳洗前，要注意一定的清洗顺序。清洗外阴、洗涤内裤后再洗脚；不长期滥用抗生素和化学药物冲洗阴道，以防菌群失调引起霉菌性阴道炎等。

日常生活中，要专盆专用，毛巾也不要和家人混用，毛巾要定期煮沸消毒，患有手足癣的女性一定要早治疗，否则易引起霉菌性阴道炎。

（3）经期不能坐浴。月经期子宫内膜脱落，宫腔留有创面；宫颈黏液被经血冲出，宫颈口微微开放；阴道内有经血停留，是细菌的良好培养基。以上情况导致生殖道局部的保护性屏障作用暂时遭到破坏，再加上月经期全身抵抗力下降，盆浴时，污水及阴道中的细菌便可能经宫颈管上行至宫腔而引起感染，故应该禁止。

（4）清洗阴部时，应该注意：经期阴部容易产生异味，尤其在夏季，于是，很多女孩子在洗澡时，顺便拿沐浴露或者香皂清洗阴部，这样做，虽然很省事，但很不健康，表面上看，似乎是清洗了阴部，但却更容易引起感染和其他一些疾病。因为平日女性阴道内是略酸性环境，能抑制细菌生长，但行经期间阴道会偏碱性，对细菌的抵抗力降低，易受感染，如果不使用专门的阴道清洁液或用热水反复清洗更会导致碱性增加。因此，清洗阴部需要选择专门的阴部清洗液，尤其在经期。

（5）不要洗冷水浴。女孩子应该都知道，在月经期要保护自己不能受凉。而有些女孩子养成了洗冷水澡的习惯，尤其是夏天出汗后，实际上，这对身体有很大的害处。

女性因其特殊的生理原因，特别是在经期的女孩，遇到冷水的刺激会引起体内内分泌失调、闭经、腹痛，而且许多细菌也会进入阴道引发阴道炎等妇科疾病，严重的对女性以后怀孕、生理健康都有一定的影响。

总之，青春期的女孩子在月经期间身体抵抗力比较弱，而且会遇到很多问题，在清洗阴道的时候要小心，不要盲目地清洗，要加强自我保护意识，养成良好的卫生习惯和注意一些"小节"。

第5章

私密花园：不要羞于面对性发育的问题

　　我们都知道，青春期是"性"的萌发期，很多青春期女孩对于私密处的发育都感到很好奇，对于这些生理知识，你们一定要从正面渠道了解，也不必羞怯。其实，对于"性"问题的好奇是青春期的正常心理，大方地面对性问题，用正确的心态学习、理解，女孩才能更好地保护自己！

内裤上白色的东西是什么

月经的来临宣布女孩的成熟，但其实，白带和月经一样，也是女性一种正常的生理表现。随着年龄的增长和身体发育的成熟，以及卵巢功能的完善，阴道内会有一种乳白色或透明的液体流出，量有时略多，有时较少，有其规律性，这就是白带。

白带是由许多组织分泌的液体共同组成的，它包括尿道旁腺、前庭大腺、子宫颈腺体及子宫内膜腺体分泌的黏液，阴道壁中毛细血管和淋巴管的渗出液。混合后的黏液中含有阴道上皮的脱落细胞及少量白细胞，即形成白带。

白带的分泌一般和女性体内的雌性激素水平有关。一般月经期后白带量少。至排卵期前，由于体内雌性激素水平升高，促使宫颈腺体的上皮细胞增生，宫颈黏液的分泌量增加，黏液中氯化钠含量增多，能吸收较多的水分，使排卵期时白带增多。

女孩对内裤上的白带不必担心，也别害羞，这是女性成熟的一大标志。女孩不必对白带感到惶恐、紧张甚至认为是淫秽的东西。其实，白带有其独特的作用。

很多青春期的女孩对于一些妇科问题都是采取避而不谈的态度，如白带，她们认为白带是秽物，谈之色变。其实，白带和月经一样，都是女性体内排出的一种代谢品，对于女性的新陈代谢都有着无法替代的作用。

白带是女子阴道分泌的一种无气味、微酸性的黏稠液体。适量的白带属正常生理现象，其正常状态应状如半透明的鸡蛋清，具有以下作用。

第一，白带是阴道的润滑剂，起到保护阴道壁的作用。由于骨盆底肌肉的作用，女性阴道口闭合，前后壁紧贴。而女性阴道内流出的白带中的水分使女性的阴道处于前后壁紧贴的状态。这些水分使女性的阴道同时处于湿润状态，这种湿润环境能减少阴道前后壁之间的摩擦带来的损伤。

第二，自洁作用。这与白带的成分有关，白带中含有丰富的糖原，糖原在阴道乳酸杆菌的作用下，产生大量乳酸，使女性的阴道呈弱酸性，对于抑制各类致病菌的生长起到很好的作用，这也是阴道天然的自洁功能。

第三，验证排卵期。一般来说，白带最多、最稀薄、抗拉丝能力最强的一天往往就是排卵期。掌握好这一生理周期，对于女性的自身保护也有帮助作用。

第四，生殖道的"镜子"。白带检查是妇科常规检查的重要一项，也是大多数女性去医院就诊的主要原因。其实，长期白带过少，阴道自我防御功能减弱，女性容易感染阴道炎。

白带有诸多作用，所以，女孩应该用一种全新的态度去看待它。亲爱的女儿，在听完妈妈的讲解以后，也应该知道白带并不是什么很脏的东西了吧。

正常的白带是什么样

青春期女孩出于羞怯，对身体发育的一些问题总是排斥，如白带等问题。其实大可不必担心，尽可能多地了解一些关于白带的知识，也能对自己的身体状况有简单的判断。

健康的女孩未进入青春期前，一般情况下，阴道是不会分泌什么异物的。到了青春期，由于卵巢的发育，开始分泌雌性激素，便出现白带。白带的出现，预示着女孩即将正式迈入成年女性的行列，因为2~3年以后女孩便会月经来潮。同时，如果到了青春期不见白带，就是一种异常现象，应警惕处女膜闭锁或卵巢发育不良，应立即检查，及早治疗。

针对什么样的白带才是正常的问题，女孩应该了解。正常白带应是白色的，有时透明，有时黏稠，无异味。青春期白带受雌性激素影响，有周期性的变化，有时增多，有时减少。排卵期的白带透明、量多，而其他时间则量少、黏稠。青春期生殖器官发育旺盛，白带也增多。此外，在天气炎热、从事体力活动及性冲动时，这些液体分泌量也会增加，有时还可能外流。

有些女孩认为，白带异常就是有病，其实，并不是如此。

白带的作用之一是"生殖道的镜子"，青春期女孩的身体健康与否，很多都可以从白带上看出来。

白带异常是女性内生殖器疾病的信号，应引起重视。白带异常可能仅仅为量的增多，也可能同时还有色、质和气味方面的改变。不同疾病引起的白带异常其性状各不相同。如果平时白带无原因地增多，或伴有颜色、质地、气味的改变，就应该提高警惕，以免引起妇科疾病。引起白带增多的常见原因有以下几种。

（1）患霉菌性阴道炎时，白带色黄或白，多数质地黏稠，有时也可质地稀薄，典型的白带呈豆腐渣样或乳凝块状。

（2）滴虫性阴道炎的白带为稀脓样，色黄，有泡沫，或如米泔水样，色灰白，白带味臭。

（3）宫颈糜烂时白带一般色黄，质黏如脓涕，多无味。

（4）淋病的白带则为黄脓样。

（5）患子宫内膜炎等盆腔炎时，白带也会增多，色黄，质稀，多伴有腹痛。

（6）患输卵管癌时，由于肿瘤刺激输卵管上皮渗液及病变组织坏死，会出现水样白带，绵绵不断。

（7）白带的颜色改变也应引起注意。一般因炎症所引起者白带多色黄；赤带是指白带中夹有血丝或呈淡粉色，可能存在宫颈炎、阴道炎、戴环出血或宫颈癌等疾病。

白带异常不能绝对地说有妇科疾病，但也是女孩生殖道不健康的一个表现，应该引起女孩的重视，及时检查。

所以，亲爱的女儿，你应该重视白带，要注意保持阴部的清洁卫生，经常用温水洗外阴。即使在平时，白带量不太多，也要勤冲洗外阴，这样能减少病菌的滋长和入侵，让自己远离妇科疾病！

阴部瘙痒是怎么回事

可能很多青春期的女孩会因为阴部痒而坐立不安，但又羞于启齿。外阴瘙痒，虽无大碍，但也应该在家长的陪同下及时治疗，不能因为羞于求医，日久变成顽固性瘙痒，以致影响心理健康，严重时会影响学习、生活。

外阴瘙痒指阴道内、大阴唇外侧、阴阜、阴蒂和小阴唇、会阴有痒的感觉，并可扩散到肛门附近，是局限性瘙痒症的一种。

外阴瘙痒原因很多，归纳起来，引起本病最常见的因素有以下几种。

（1）外界不良因素的刺激。引起女孩外阴瘙痒的原因很多，但大多数情况都与卫生有关，阴部不卫生，主要有阴道分泌刺激物、汗液、化纤内裤、阴部潮湿、毛糙的卫生纸的使用。另外，外阴及阴道内用药引起过敏，以及经常用肥皂洗外阴或者不合适的沐浴露等均可导致外阴瘙痒。内裤太紧、内裤摩擦亦可引起瘙痒。外阴瘙痒常伴有肛门瘙痒，后者与外痔、长期大小便失禁、肛瘘、肛裂、肛门排泄物及粪便残迹的刺激有关。

（2）外阴局部疾病。进入青春期后，女孩的阴部发育会发生一些变化，阴道上皮会增厚，并出现阴道皱襞，阴道的内分泌物也由于富含乳酸杆菌而呈酸性反应，分泌量也增多，自然防御机能明显增强。

初潮后如果不注意月经期的阴部卫生，经血和阴道分泌物可污染与刺激外阴部而引起瘙痒，甚至发展为炎症，一般为外阴阴道炎或前庭大腺炎等。滴虫性外阴阴道炎的发病率在青春期后明显增多，这是因为雌性激素所引起的阴道酸性环境是滴虫感染的先决条件，因此幼女中少见的滴虫感染到了青春期后便明显增多。少女感染滴虫主要通过公共浴池、浴盆、浴巾、坐便器、与患病亲属接触等间接途径所致。

淋病、霉菌性或滴虫性阴道炎、非淋病性尿道炎、疥疮、阴虱、蛲虫病、接触性皮炎、黏膜白斑病、萎缩性角化苔藓、子宫颈炎等也会导致女性外阴瘙痒。

（3）饮食因素。有些食物也会导致外阴瘙痒，这些食物中缺乏铁、核黄素、微生素A、微生素E、脂肪等，使外阴皮肤干燥、脱屑、瘙痒。

（4）精神因素。女性在有异常精神状况下，如忧虑、忧郁、紧张、烦躁时会认为外阴瘙痒，结果越抓越痒。

（5）全身性疾病。一般引起阴部瘙痒的全身性疾病为糖尿病、贫血、白血病、红细胞增多症、皮肤病、肝胆疾病、肾脏疾病、淋巴瘤等。

青春期女孩还应该注意预防一些妇科疾病的发生，要了解和认识自己身体所产生的种种变化；坚持和养成良好的卫生习惯，如每天换内裤和清洗外阴，使用坐式便器前注意清洁或垫用卫生纸。注意公共场所的卫生，禁止性传染疾病患者和滴虫患者进入游泳池、公共浴池；如果发生外阴瘙痒症状不要讳疾忌医，要及时诊治，千万不要自己乱用药或为庸医所骗而耽误病情。

女性是怎样怀孕的

伴随着身体的逐渐成熟，青春期的少女对人体的生殖情况也充满了好奇，的确，了解这些，也有助于女孩更好地保护自己。

那么，女性到底是怎么怀孕的呢？

卵子受精形成受精卵并在子宫腔内种植、生长，发育而形成胎儿，这个过程叫作怀孕。

通常把妊娠分为三期，每期约3个月。虽然这种分期没有严格的规则，但是解释某些变化时很有用。

1. 怀孕初期

胚胎在此时会急剧发展。大约一半的女性会在这时（也只在这时）出现害喜症状。

（1）受精

在妊娠开始前，卵子要先遇到精子产生受精作用。大部分的受精是男性在女性体内射精后产生。现在的技术也可以做到在体外人工授精。

（2）着床

医学上妊娠是从胚胎着床在子宫内膜开始的。有时因为并发症，胚胎会在输卵管或子宫颈着床，造成子宫外孕。虽然也有不少着床时轻微出血的例子，但着床通常没有迹象或症状。胚胎的外层会长成胎盘，可以从子宫壁接收营养。脐带连接新生儿与胎盘。

虽然医学上妊娠是从着床开始，一般计算预产期是用"内格勒方式"（Naegele's Rule）：最后一次月经（LMP）加40周（280日）。胎儿出生早于37周视为早产，晚于43周视为过期产。但是妊娠时间长短因许多因素而变，如第一胎通常会怀孕比较久。

受孕的准确日期很重要，因为很多产前检查都是根据这个日期决定的。是否要引产也是由这个日期决定。由于女性月经周期长短不同，排卵日也未必在第14日。所以预产期只能粗估。大约3.6%的妇女在根据月经估计的预产期生产，4.7%的妇女在根据超音波诊断估计的预产期生产。

2. 怀孕中期

多数孕妇觉得这时比较有活力，而且开始大幅增加体重。这时胎儿开始长成可辨认的形状，也是第一次可以感觉到胎儿的运动。

3. 怀孕晚期

怀孕晚期是孕妇体重增加的最后阶段。胎儿定期活动，这可能使孕妇不太舒服，并且导致腰酸背痛、膀胱无力等症状。

另外，女性在怀孕的时候，有以下一些征兆。

（1）月经停止。如月经一直很规律，一旦到期不来，超过10天以上，应该考虑怀孕的可能性。这是怀孕的最早信号，过期时间越长，妊娠的可能性就越大。

（2）早孕反应。停经以后孕妇会逐渐出现一些异常现象，叫作早孕反应。最早出现的反应是怕冷，以后逐渐感到疲乏、嗜睡、头晕、食欲不振、挑食、怕闻油腻味、早起恶心甚至呕吐。

（3）尿频。由于怀孕后子宫逐渐增大，压迫膀胱，所以小便次数增多，但并没有尿路感染时出现的尿急和尿痛症状。

（4）乳房变化。可出现乳房发育、乳头增大，乳头、乳晕颜色加深，乳头周围出现小结节，甚至乳房刺痛、胀痛的现象，偶尔还可挤出少量乳汁。

（5）色素沉着。有的妇女怀孕后面部及腹中线有棕褐色色素沉着。

（6）基础体温升高。当出现上述某些症状时，可每天测定基础体温，怀孕者基础体温往往升高。

凡在生育年龄的女性，发生性关系而又未采取避孕措施，都有怀孕的可能。婚后保持正常性生活的妇女，如果没有采取避孕措施，约85%的人在第一年内就会怀孕，尽早知道自己怀孕有很多好处。

什么是处女膜

关于处女膜，青春期的女孩需要了解以下几个方面的知识。

1. 什么是处女膜

关于处女膜，很多青春期的女孩认为其很神秘，那么，到底什么是处女膜呢？处女膜的构造又是什么样的呢？

处女膜是其他雌性动物没有而为人类女性所独具的，它在女性还是胎儿时出现、发育、形成。处女膜是覆盖在女性阴道外口的一块中空薄膜，1~2毫米厚，膜的正反两面都是湿润的黏膜，两层黏膜之间含有结缔组织、微血管和神经末梢，中间的小孔叫处女膜孔。处女膜孔的大小和膜的厚薄程度各人可有不同。处女膜孔的直径为1~1.5厘米，通常为圆形、椭圆形或锯齿形；有的呈半月形，膜孔偏于一侧；有的为隔形孔，有两个小孔上下或左右并列；有的有很多分散的小孔，就像筛子上的小孔。

2. 处女膜有什么用处

处女膜对于女性的健康起着很重要的作用：处女膜可以防止外界不洁的东西进入阴道，有保护阴道的作用。

青春期前由于卵巢所分泌的雌性激素很少，这时阴道黏膜薄、皱襞少、酸度低，故抵抗力差，处女膜有阻拦细菌入侵阴道的保护作用；青春期后，随着卵巢的发育，体内雌性激素增多，阴道抵抗力有所加强，处女膜也就逐渐失去作用。处女膜孔是生理所必需的，女子发育成熟后，每月一次的月经血就是通过这个小孔排出体外，如果膜上没有小孔，则每月的月经血被它挡住而不能排出体外，医学上叫作处女膜闭锁。如果没有及时发现，月经血在阴道内积聚，成年累月可向上扩展到子宫腔和输卵管，通过输卵管的远端开口，流入腹腔中，使输卵管破损，肠管粘连，腹腔感染。

3. 处女膜不完整，并不一定不是处女

很多女孩包括很多人都误认为，处女膜不完整，就不再是处女。

一般情况下，女性与异性初次性交时，男性的阴茎插入女性的阴道时，常将处女膜顶破而形成裂口，处女膜就破裂了。

但处女膜的破裂也不尽然是这个原因，有的女性在儿童期由于无知将小玩具插入阴道致使处女膜破裂；有的遇到外伤或尖锐物碰巧抵在外阴部，有的因手淫、洗涤或阴道塞药造成处女膜损伤，也有的是处女膜本来就很脆弱，从事剧烈运动时可使之破裂。因此，不能仅凭处女膜是否破裂来鉴定是否是处女。

有的女性处女膜虽然完好，但她已经不是处女，这些女性一般处女膜孔大、弹性好，膜内血管少，加上性交时斯文温柔，虽有性生活处女膜也不会破裂。由此可见，单凭处女膜是否破裂来判断处女是不科学的。同理，把第一次发生性关系是否"见红"作为处女的依据是不对的，对妇女来说，也是不道德的。

所以，有的女性处女膜虽然完整，但也已不是处女；有的女性确实是真实的处女，而处女膜已破裂。是否是处女，并不能凭处女膜是否完整来判断。

宝宝是怎么诞生的

"宝宝是怎么诞生的"这个问题，可能所有处于青春期的女孩都很好奇，一般情况下，也是避而不谈，可是心中却总是充满好奇。其实，婴儿的出生过程并不神秘。

小孩的产生过程是：由父亲的精子与母亲的卵子在子宫里结合，然后经过十个月的孕育，变成了婴儿，由母亲的阴道分娩出来。这其中一个最重要的过程就是受精。

所谓的受精是男女成熟精子和卵子的结合过程。当精液射入阴道内，精子离开精液经宫颈管进入宫腔与子宫内膜接触，解除精子顶体酶上的"去获能因子"，此时精子获能，继续前进进入输卵管，与在输卵管等候的卵子相遇，精子争前恐后，利用自己酶的作用，穿过卵子的外围屏障，当其中一个强壮的精子的头部与卵子表面接触时，其他精子不再能进入，此时为受精过程的开始，当卵子的卵原核和精子的精原核融合在一起形成受精卵时，则标志着受精过程的完成。

而分娩是孩子出生的过程，被认为是一个人人生的开始。

女性从开始感觉到子宫规律的阵痛收缩，以及子宫颈扩张起开始分娩。虽然大部分人都觉得分娩很痛苦，但大部分女性都能正常生产。不过有时因为并发症而要进行剖腹生产，也有时进行会阴切开术辅助生产。

分娩全过程即总产程，是指从开始出现规律宫缩直到胎儿胎盘娩出，临床分为三个产程。

第一产程又称宫颈扩张期。从开始出现间歇5~6分钟的规律宫缩到宫口开全，初产妇的宫颈较紧，宫口扩张较慢，需11~12小时；经产妇的宫颈较松，宫口扩张较快，需6~8小时。

第二产程又称胎儿娩出期。从宫口开全到胎儿娩出。初产妇需1~2小时；经产妇通常数分钟即可完成，但也有长达1小时者。

第三产程又称胎盘娩出期，从胎儿娩出到胎盘娩出，需5~15分钟，不应超过30分钟。

男女交配受精产生婴儿到婴儿分娩，从母亲腹中诞生的过程虽然不好说出口，但女孩也不必羞怯，对性的了解和认知应该是大大方方的，这样，就能消除性的神秘感，也就更明白如何在男女交往中保护自己。

作为女性，了解得越多，越懂得怎么让自己不受伤害，越懂得怎么珍惜生命。亲爱的女儿，妈妈十月怀胎，然后生下你，看着日渐长大的你，妈妈很欣慰，也希望你能健健康康地成长，在未来的人生路上，记住，有妈妈的陪伴，有妈妈的帮助，不管遇到什么，不要害怕！

如何选择和清洗内裤

那么，青春期女孩该怎样选择和清洗内裤呢？

青春期的少女除了身体上的发育日趋成熟以外，还应该学会独立，就如在内裤的选择和洗涤上，就应该学会自己动手，并且不能忽视，这关乎到私处的卫生。

女性在选择内裤时应注意以下三个不宜。

（1）不宜穿深色内裤。这对于发现一些阴道疾病有好处。因为患阴道炎、生殖系统疾病的女性，白带会变得浑浊，甚至带红、色黄，这些都是疾病的信号。如果早期能发现这些现象而及早治疗，就能得到较好的疗效。如果穿深色的或图案太花的内裤，病变的白带不能及时被发现，就可能延误病情。

（2）不宜穿太紧的内裤。女性的尿道口、阴道口、肛门靠得很近，内裤穿得太紧，易与外阴、肛门、尿道口产生频繁摩擦，使这一区域污垢（多为肛门、阴道分泌物）中的病菌进入阴道或尿道，引起泌尿系统或生殖系统的感染，很容易引发一些妇科疾病。

（3）不宜穿化纤的内裤。化纤内裤尽管价格便宜，但通透性和吸湿性均较差，不利于会阴部的组织代谢。加之白带和会阴部腺体的分泌物不易挥发，会导致外阴潮湿。这种温暖而潮湿的环境非常有利于细菌的生长繁殖，从而易引起外阴部或阴道的炎症。

另外，市场有一种产品叫丁字裤，又称T形裤，很多年轻女性认为这种内裤能充分展示自己的魅力，是一种时髦内衣。但从身体健康的角度看，这种内衣的设计是不合理的，尤其是下部设计成绳子粗的窄带，很容易与会阴等娇嫩处的皮肤发生摩擦，引发局部皮肤充血、红肿、破损、溃疡、感染等症状，从而诱发阴道炎等妇科疾病，还会压迫肛门周围血管，增加痔疮的发病率。

也有一些黑心厂家在缝制丁字裤时，为了使其更具有贴身效果，使用透气性较差的化纤制品做原料，极易造成女性皮肤过敏。

因此，青春期少女不可购买丁字裤。

在内裤的清洗上，女孩应该注意以下事项。

（1）内裤是贴身衣物，一定要勤洗，最好是天天换、天天洗。不要让内裤过夜，否则容易滋生细菌，且增加清洗的难度。

（2）手洗内裤，才能清洗干净。内裤一般相对较小，为增加摩擦密度，建议用拇指与食指捏紧，细密地搓弄，这样才洗得干净、彻底。

（3）洗液必须是肥皂水，洗内裤时，最好用专用的盆，否则容易造成细菌的交叉感染，水也最好是凉水。

（4）晾内裤时，切忌直接暴晒。应先在阴凉处吹干，再置于阳光下消毒。否则，内裤容易发硬、变形。

青春期女孩，作为一个即将成熟的女人，妇科知识要装满全身，要与自己的身体友好相处，遇到问题时把痛苦指数减到最低，让自己天天有好心情，才是最聪明的做法！

第6章

美的困扰：青春岁月什么样的美最适合你

现代社会，青春期的少男少女是时尚潮流的一大追捧群体，他们喜欢把自己摆在成人的位置，开始注意流行因素，让自己尽量与流行"接轨"，以免"落伍"。青春期的女孩，要从思想上提高认识，要认识到什么是真正的美与丑，要明白学生现阶段的主要任务是什么，走出一些审美误区，做真实的自己才是最美的！

女孩别化妆，青春期的美是纯真的

爱美之心，人皆有之，尤其是未成年的女孩子，更是对美充满了向往。然而，青春期是长身体的阶段，真正的美丽是纯真的，本真的才是最美的，很多这个年龄段的女孩开始化妆，认为这是跟上时尚和潮流的一大表现。但其实，青春期是身体发育欠完善的时期，这些行为对身体有着诸多害处，不能让青春的花儿过早地凋谢！

青春期就开始化妆，危害很大。

1. 容易导致免疫力低下

青春期是儿童向成人过渡的关键时期。女性的青春期比男性的青春期出现得略早，一般从10岁左右开始，至18岁左右结束。在此期间，女性的卵巢会分泌大量的雌性激素，促使其生殖系统开始发育，并形成月经。同时，青春期女性的心理也会发生很大的变化。这些情况都会对其免疫功能产生一定的影响。而化妆品中或多或少含有一些有毒的化学物质，对人体有一定的危害，使女孩免疫力降低，青春期女性的免疫力一旦下降，就会出现原发性闭经、痛经、月经不调、生长发育缓慢、脸上生长青春痘、易感冒、精力不集中、营养不良等症状。

2. 伤害皮肤

进入青春期，人的生理会发生一系列变化，特别是随着内分泌功能的变化，少女的皮肤会变得洁白细腻，富有光泽和弹性，面对楚楚动人的美丽肌肤，关键在于保养，而不是化妆品的覆盖。

一般来说，18岁以后就可以用化妆品了。青春期的女生是指12~18岁的女生，还没成年就不应该用化妆品，以免化妆品的化学物质伤害皮肤。而且，化妆品的质量参差不齐，质量差的化妆品对人体的伤害更大。

因此，不要看其他女生在用就去学她们，在青春期，女孩的皮肤是最好的，自我调节能力好，尽量不要用化妆品，用一些温和的护肤品就好！

那么，青春期的女孩在护理自己的皮肤时应该怎么做呢？

随着环境污染的加重，加之青春期户外活动多，空气中的粉尘落到脸上会阻碍皮肤"呼吸"，给皮肤带来不良刺激，因此，女孩在回到室内的时候，应注意及时洗脸。洗脸时可用温水和洁面用品。清洗干净后，可以根据自己的肤质抹上相应的护肤品。

另外，有些少女长了痘痘后，出于爱美之心，便选择多种"治疗"粉刺的化妆品，"多"管齐下，以为这样肯定能消除恼人的痘痘。也有一些女孩为了掩盖住痘痘，涂一些粉底，结果是事与愿违，适得其反，使皮肤更差，痘痘越来越"猖獗"。防治粉刺，其实关键在于皮肤清洁，保持毛囊畅通，注意少食辛辣刺激性食物。因为痘痘的出现尽管与多种因素有关，但主要是与内分泌、皮脂分泌旺盛和面部不洁、过度使用化妆品有关。

青春期女孩，不要化妆。青春期皮脂分泌旺盛，若再用过多的化妆品，必然给皮肤的"呼吸"增加困难，影响皮脂分泌，因而有碍美容。

总之，亲爱的女儿，妈妈能理解你爱漂亮的心情，但什么样的年龄就应该具有什么样的美，青春期的这种美是天然、富有朝气的，是任何化妆品和人工的修饰都无法达到的！

摘掉眼镜，让心灵的窗户更明亮

眼睛是心灵的窗户，每个女孩都希望自己有一双明亮透彻的眼睛，都害怕自己一张赋有青春气息的脸被一副眼镜遮上。那么，究竟近视是怎么产生的呢？

第一，大量研究证明，近视与饮食存在相当的关系。现代社会，很多女孩爱吃糖及碳水化合物的食品或烧煮过度的蛋白类食物，这大大增加近视产生的可能。

第二，近视是屈光不正的一种。近视的形成主要有内因和外因两种原因。内因指的是近视的遗传性。外因主要包括工作环境和身体素质两方面。

基于遗传因素，我们可以发现，近视的发生，城市比农村多，精工行业比一般行业多，尤其在学生和知识分子当中，近视的发病率更高。

还有，一些女孩因为上课、做作业时的坐姿不正，甚至光线暗淡，也可能引起近视。

青少年的眼睛正处于快速发育阶段，眼内各器官都很稚嫩，在漫长的学习生涯中如果不养成良好的用眼卫生习惯，即时有效消除视力疲劳，近视就会很容易发生。针对近视产生的原因，为了更进一步预防近视，有以下几条建议。

1. 注意用眼卫生，尽量避免外界的伤害

（1）光线强度要适中，读书写字时，光线不宜太强或太弱，建议使用台灯照明时用40W白炽灯泡，台灯应放在左前方一尺左右距离；室内照明40W日光灯应距离桌面1.4米。

（2）近距离读写、看电视、玩电子游戏、上网等都应有时间限制。

（3）看电视应有节制，眼距离以电视机对角线6倍以外观看，一般看40分钟休息10分钟。少玩电子游戏、电脑等，据有关资料显示它们的危害是看电视的5倍。

2. 科学用眼

（1）读书写字注意三个"一"，即眼离书本一尺、胸离桌子一拳、手离笔尖一寸。

（2）走路或乘车时不要看，不要躺着或趴着看。

（3）劳逸结合，用眼时间不要过长，应每隔50分钟左右休息10分钟。

3. 加强运动，增强体质

（1）眼睛和身体其他部位一样，也需要运动。尤其是学习任务重的青春期的女孩子，因长时间近距离用眼，为消除视疲劳应经常性望远，需多参加体育活动，增强体质。

（2）每天坚持做眼保健操，以缓解眼疲劳，消除调节紧张，恢复眼调节机能，预防近视。

4. 补充营养，合理饮食

（1）女孩子一般都喜欢吃零食，甚至把零食当主食，实质上，零食中大多加有防腐剂、色素等添加剂，食用过量百害无一益。

（2）少吃甜食和辛辣食物，糖分摄入过多在体内血液环境中呈酸性，易使血钙减少，影响眼球壁的坚韧性，促使眼轴伸长，导致近视的发生与发展。

（3）避免偏食，偏食是诱发青少年视觉功能障碍的主要原因之一，常常会导致维生素与微量元素、宏量元素摄取不足，影响发育和健康。

（4）多吃水果、蔬菜、豆类、动物肝脏等，合理地获得天然糖分、微量元素和维生素。

另外，要坚持近视矫正的原则：晚治不如早治，治疗不如预防。拥有一双美丽的眼睛，青春期的风景，你会看得更清楚！

高跟鞋，是不适宜的美丽

有人说："没有穿过高跟鞋的女人就不算是女人。"女人大多都爱高跟鞋，仿佛它有神奇的魔力，能让女人瞬间变得有自信。高跟鞋可衬托女性挺拔秀丽身段，彰显时尚，高跟鞋是女人一生无法抗拒的诱惑，穿上高跟鞋，重心前移，挺胸收腹，显得健美、轻盈，风姿绰约。于是，很多女孩，早早地穿上了高跟鞋。其实，青春期女孩是不宜过早地穿高跟鞋的，究其原因，女孩子过早地穿高跟鞋会引起骨盆和足部形态发生变化。

第一，对骨盆生长有很大的阻碍作用。骨结构中，软骨成分较多，骨组织内水分和有机物丰富，无机盐少。骨质柔软，很容易变形。骨盆是人体传递重力的重要结构，穿平底鞋时，全身重量由全足负担；穿高跟鞋时，全身重量主要落在脚掌上，这样就破坏了正常的重力传递负荷线，使骨盆负荷加重，容易引起骨盆口狭窄，给成年后的分娩带来困难。穿高跟鞋还有可能使骨盆发生不易觉察的转位，影响骨环的正常结合，导致骨盆畸形。

第二，影响足骨的发育。足骨的发育成熟在15～16岁。鞋的大小直接影响足骨的生长，严重的会让足部变形。过早地穿高跟鞋会使足骨按照高跟鞋的角度完成骨化过程，容易发生跖趾关节变形、跖骨骨折及其他足病，这些病都会引起足部疼痛，严重时可影响行走、活动。

有调查显示，长期穿高跟鞋的女性，腿部、会阴和下腹部的肌肉总是处于紧张状态，这直接影响到盆腔的血液循环，使盆腔性器官的正常生理功能受到不良影响。

因此青春期的少女不宜穿高跟鞋，特别是那种跟高7～8厘米的超高跟鞋。女孩平时以穿坡跟鞋或跟高不超过3厘米的鞋为宜，这样能有效减轻腿部承受的压力。

亲爱的女儿，我知道你长大了，开始爱美了，可能很多和你们同龄的女孩子都开始有一两双高跟鞋，但你们要知道穿高跟鞋对青春女孩的危害很大。青春期的到来，并不代表你们已经发育成熟，这是一个过渡期，很多成年女性拥有的"权利"对于你们来说，还为时过早，等到你们真正成熟之后，再去享受成年的美好，也为时不晚。

个性穿着，并不是奇装异服

随着时代的发展、物质生活水平的提高和价值观的多元化，跟上"时尚"与"潮流"的步伐已经不是成年人的专属，很多未成年的青春期少年，尤其是女孩，也纷纷把追逐时尚作为重要的生活内容。

如今在街上，到处能看到一些"奇装异服"的女孩，有些女孩还只是初中生，刚刚进入青春期。青春期的女孩已渐渐发育，并开始注重自己的外貌和装扮。这些青春期女孩的一大特点就是喜欢一些惹眼的装扮，让人一眼就能从人群中分辨出来。

那是什么原因让她们这样打扮自己呢？可能有以下几个原因。

1. 审美偏差

一般来说，作为学生的女孩正处于成长期，身体发育尚未成熟，其穿着打扮还是应以朴素、自然、大方、舒适为原则。但很多青春期女孩，由于接受审美信息的渠道不正常及对成人世界的推崇，她们认为，成人的穿着才是美的，刻意地追赶潮流，有的甚至追求"奇装异服"。一方面，她们很想以此证明自己不再是一个孩子，希望自己更快地融入社会；另一方面，她们希望自己的穿衣风格能得到同学的认同、赞美和羡慕，从而提高自己在同学眼中的地位，满足自己的物质欲望和虚荣心。

2. 疯狂"追星"

现代社会，追星族中，学生占大多数。有些女孩，一旦喜欢上一个明星，会刻意地模仿她的穿着风格，甚至有过之而不及。

3. 一味追"新"、求"异"

青春期的到来，使女孩们有了一定的思维能力和独立的主张，能自主地对一些事情进行决策，又没有成年人较重的工作、生活压力。因此，有些学生一有机会就放开手脚、随心所欲地挥霍金钱，追求高消费，用金钱换取自己喜欢的东西，而新奇的服饰是最能引起她们注意的。有些女孩甚至到了"不奇不爱，无奇不买"的地步，走上追求怪异服饰的歧途。

4. 获得安全感

不少女孩有意制造新奇形象，潜意识是想寻求安全感。日本一名心理学教授认为，如果一个人界限感薄弱的话，除了感到与他人不同之外，还很难把握和他人之间该保持多远的距离。因而，她们对与别人的交往常怀有不安，对生活也感到不确定。她们为了获得安全感，就要穿上款式另类，甚至夸张的衣服，人为地跟外界划清界限，缓解内心的不安。

事实上，青春期是人生发展中的一个重要时期，要追求个性可以通过更积极的方式，而不是通过服装。如果你们把过多的精力放在穿衣打扮上，在学习方面就会放松，甚至会因此耽误学业。抱有这样一种浮躁的心态，又怎能搞好学习呢？

另外，青春期也是审美观、服饰观形成的阶段，奇装异服只能显露你的不成熟和审美偏差。

再者，青春期应该追求的是内心的充实。培根说："人一旦过于追求外在美，往往就放弃了内在美。"你知道吗？生活中，有些女孩为了得到想要的衣服，想方设法掏空父母的钱包，或是见别人穿得"漂亮"就妒之、恨之。更有甚者，由于经济不允许却又盲目赶时髦，就铤而走险，采取不正当的手段，骗取、偷窃家人或其他人的财物，铸成大错。

诚然，青春期是追求自由的，但穿着打扮要符合自己的身份、年龄，这样才会给美丽加分。

节食减肥，影响身体发育

的确，一些女孩进入青春期，害怕发胖，羡慕别人苗条的身材，于是一味节食减肥，或者采用其他各种方法减肥。其实，这是不正确的做法。青春期的少女最重要的就是保证能量供给充足和身体的正常发育，刻意减肥可能会带来身体上的危害。就节食减肥而言，危害便有很多。

（1）导致身体发育所需的能量供应不足，影响身体的成长发育。节食会导致人体所需的热量不足。而且，青春期相对于其他生命阶段来说，人体代谢更旺盛、活动量大，机体对营养的需要相对增多，既要满足生长发育的需要，又要满足每日学习、活动的需要。一般来说，每日所需要的热量一般不能少于12552千焦（3000千卡），假如达不到这一标准，就会影响生长发育。

（2）导致人体所需蛋白质缺乏。女孩的身体不同于男孩，它伴有明显的内分泌变化，更需要蛋白质的摄入，如果摄入不足，后果很严重。大量研究证明，很多女孩体质差，身体发育不好，就是因为营养跟不上，这其中就包括蛋白质摄入不足。这会造成负氮平衡，使生长发育迟缓、消瘦、抵抗力下降，智力发育亦受到影响，严重者会发生营养不良性水肿。

（3）导致各种维生素缺乏。人体除了要吸收大量的热量外，更需要维生素的摄入，而节食可引起多种维生素缺乏病，如维生素B_2缺乏可导致脚气病；维生素C缺乏时可导致坏血病；维生素D缺乏可引起骨代谢异常，个子长不高或骨骼变形；维生素A缺乏可引起夜盲症。

（4）可造成各种无机盐及微量元素缺乏。例如，钙、磷摄入不足或比例不当会直接影响骨骼发育，缺铁可导致贫血，缺锌可影响人体生长发育和性腺发育。

（5）长期节食会导致青春期厌食症。生活中，一些肥胖的女孩子，担心自己的体形，她们往往会用极端方法控制自己的饮食，一天基本上不吃主食，只吃零食、水果或者一些蔬菜。长此以往，必然导致大脑的饥饱神经中枢发生紊乱，进食越来越少，食欲越来越低，直至厌恶食物，最后出现一吃食物就恶心呕吐的神经性反应，产生神经性厌食症。

（6）过度节食还容易出现闭经。大部分女孩子在节食的时候，都抱着"管住自己的嘴，才能瘦下来"的心理，于是，她们盲目节食。节食疗法的确能起到一些效果并且很明显，女孩的体重在短时间内减下来了。但很快，更为严重的问题就发生了，那就是闭经。

医学资料表明，在一年之内，体重突然减轻5千克以上，或者减轻10%的年轻女性，一向规律的月经，往往会突然发生变化直至闭经。之所以如此，是因为人的大脑内有一个下丘脑，下丘脑中不但存在饿感中枢和饱感中枢，还要分泌出一种叫作促黄体生成素释放激素，用于刺激脑垂体分泌黄体生成素和卵泡刺激素，这两种激素有刺激睾丸或者卵巢发育的作用，对月经来潮和精子、卵子的生成意义重大。

由于过度节食，大脑皮层发生功能紊乱，黄体生成素和卵泡刺激素分泌不足，卵巢分泌的雌性激素和孕激素也减少，结果导致闭经。闭经时间越长，治愈机会越低，对女性健康的危害后果也会越严重。

同样，减肥药甚至一些其他减肥方法也是通过打乱人体正常的代谢功能达到减肥的效果，这些都危及女孩的健康。青春期是人体生长发育最旺盛的时期，这一时期体质如何将影响一生的健康。

亲爱的女儿，你要明白，要想保持身形良好，可以多参加户外活动，既能锻炼身体，又能增大热量消耗，保持苗条体形。另外，要保证足够的营养、适量的热量和合理的膳食结构，热量的摄入不能太多，既要注意各种营养的搭配，又要少吃高脂高热的食物，如奶油点心、巧克力；多喝水。总之，要养成良好的生活、作息习惯，只要健康，就是美丽的。

增高要运用科学的方法

青春期的女孩会比较在意自己的身高，怕自己长不高。其实不必担心，14岁的身体并未发育完全，还有再长高的希望，况且，身高并不是判定一个女孩美与丑的标准，小个子的女孩也别有小巧玲珑之美。

青春期的女孩长不高的原因有很多，如营养跟不上、生活不规律、学习压力过等，当然，父母的遗传也是一个重要因素。

身材矮小的女孩害怕自己长不高而去采取一些急功近利的方法，如药物治疗等，这都是不正确的，增高是一个持续但不均匀的过程，不要盲目地追求快速的增高方法。吃增高药和一些所谓的保健品有可能导致青春期提前结束，反而长不到理想的高度。俗话说"物极必反"，正是这个道理。

专家指出，增高的方法因人而异。最科学的增高方法是运动加营养。营养是良好生长发育的前提。而运动可以促进生长激素的分泌，促进代谢，使青少年长得更高。

青春期的女孩要想长得高些，必须先知道人体长高的奥秘。

身高代表着头、脊柱、下肢长度的总和。人在身高的增长方面，增长最快的时期是婴儿期和青春期。婴儿期即出生到1周岁，在这一年内身高增长25厘米，约为出生时（50厘米）的50%，1岁时的总身长达到75厘米，这是人一生中长得最快的时期。青春期，身高年增长率一般为3%~5%。年增值一般为5~7厘米，个别可达到10~12厘米，几年后生长速度又减慢，女孩一般到20岁基本停止生长。

那么，人体又是怎样长高的呢？原来，人类的身高主要取决于长骨（如下肢的股骨、胫骨）的长度。长骨的生长，包括骨的纵向生长（线生长）和骨的成熟两个方面：在人刚出生时，主要的长骨，如肱骨、股骨和胫骨的两端骺部，除股骨远端以外都是软骨，以后在不同的年龄，骺部出现骨化中心，骨化中心逐步增大，骨组织就代替了软骨组织。但是，在骨干和骨骺之间仍有一段软骨，医学上叫骺板软骨，这段软骨细胞在生长发育期不断地纵向分裂、繁殖，生成新的软骨，与此同时，靠近骨干的部位也在不断地进行着成骨过程。长骨就是这样一点一点地增长，人也就渐渐长高了，就好比芝麻开花节节高。但是，女孩到了20岁，骺板软骨渐渐消失，骨骺闭合，骨的纵向生长停止，人也就不能再长高。

由此可见，长骨骺板软骨的生长是人类长高的基础，而且骺板软骨的生长又是在人体内生长激素、甲状腺激素等多种激素的协同作用下完成的，其中，促使软骨细胞分裂增殖的主要动力源是生长激素，它由人脑垂体分泌，促进软骨生长、骺板加宽，在人的身高增长中起着主导作用。

毋庸讳言，每个青春期女孩都希望自己有一个高挑的身材。那么，如何才能实现这个美丽的愿望？身体高度能不能增高呢？一般情况下，科学增高是可以达到的。

（1）要有良好的饮食习惯，注意饮食健康，营养很重要，不可偏食。另外，也不能暴饮暴食。

青春期的女孩不要为了减肥而不吃早餐，否则会影响生长发育。另外，要多吃高蛋白的食物。尽量保证足够的牛奶摄入，还要多吃果蔬。

（2）保证睡眠，多休息，既要学习好，也要注意劳逸结合。

（3）多了解一些身体发育的知识。多读读关于矮身材研究及身高生长发育的书，读不懂可请教医生，增加知识，用科学指导自己。

（4）多锻炼，坚持合理的运动。比如说打篮球。每天持续1~2小时适量体育运动，在一定时期内可使体内生长激素含量明显增加，随着血液中生长激素含量的增加，管状骨生长区活跃，从而增加身高。但女孩子还要注意的是，一定要注意安全，有些高强度的运动是不适合女性的。

（5）保持身心健康、情绪稳定，无忧无愁有利生长发育。

因此，亲爱的女儿，长得矮不要害怕，运用科学的方法是可以增高的，即使长不高，也无关紧要，要知道，小巧的女孩同样美丽，只要你有充盈的内在！

我就是要做时尚达人

青春期的女孩逐步接受成人世界的一些做人做事、穿着打扮的方法。另外，由于广告、媒体、娱乐的宣传作用，很多女孩追求个性、时尚的生活方式，开始盲目追星，喜欢穿一些奇装异服，喜欢表现自己，喜欢出风头。青春期是接受新事物的年纪，但孩子们，你必须有所选择地接受，对于外界的事物，要学会取其精华去其糟粕，然后为自己所用。

那么，对于青春期的女孩来说，哪些时尚不适合这个年纪呢？

1. 染发

随着各种流行元素在学校的盛行，青春期女孩常常接收一些潮流讯息，就比如染发，原本乌黑亮丽的一头长发被染成了红色、黄色甚至其他很多种颜色，她们以此为美，其实，不管从什么角度来看，青春期女孩染发有害无利。

对健康而言，染发时染膏对头发表层的毛鳞片有很强的破坏作用，如果养护不当会造成头皮的鳞片脱落、水分流失，使头发粗糙起毛刺，缺少光泽没弹性。

有的进口染发剂还含有醋酸铅，含铅量是家用油漆、颜料的5~10倍。铅进入人体后，难以排出体外，引起蓄积中毒，出现头昏、头痛、倦怠乏力、四肢麻木、腿肚痉挛性疼痛、腹痛等一系列铅中毒症状，并且进入肝肾和脑髓，破坏这些脏器的功能，严重者丧失劳动力。

青春期女孩染发，也并不是一种美，它超出了青春期这个以天然为美的年龄界限，染发是反美为丑，其实，青春本来就是美丽的，做真实的自己也才是最美丽的。

2. 扎耳洞

爱美之心，人皆有之，青春期的女孩开始爱美并有意无意地打扮自己，如扎耳洞，那些成年女性美丽的耳坠对其有着无限的诱惑，在校园里经常有女生之间议论"现在流行扎几个耳洞"。

近年来，少女扎耳洞的逐渐增多，而且耳洞越扎越多，由于不懂消毒杀菌知识，乱穿耳洞，造成局部红肿、流脓甚至感到颈部或半侧头部疼痛，症状为颈部歪斜、疼痛、僵直、发硬、转头活动受限，可有神经压迫症状、四肢麻痹、感觉异常等。由于炎症累及淋巴管，造成淋巴结肿大或淋巴管炎，严重可危及生命，久病者可导致两侧面部不对称。

其实，不是所有女孩都适合扎耳洞，疤痕体质和血小板含量低的人及糖尿病患者一般不建议扎耳洞，月经期间也不宜扎耳洞，否则容易造成明显疤痕，形成"菜花耳"或不易止血的情况，且容易受感染。

扎耳洞对于以学习为重的青春期少女来说，实在是一件麻烦的事。扎了耳洞后，要立即并且保持每日2~3次的频率以浓度为75%的酒精涂抹局部，持续至少1周。若发炎且严重的话还要及时就医。在洗脸、睡觉时都要避免挤压、碰击耳朵，扎耳洞后7天内都不能沾水，保持耳洞干燥通风。每日还要轻轻旋转一下耳针，以防其与皮肤粘连一起。

更为关键的是，青春期的女孩应该保持朴素的作风，本真才是美，别让故作老成给自己套上枷锁！

3. 紧身裤

紧身裤能起到提臀、收腹的作用，让青春期女孩的身体显得更加苗条。但紧身裤并不宜多穿。

很多女孩得了霉菌性阴道炎，往往症状很重时还不自知。而这些少女都有一个特点：一年四季都喜欢穿短裙，问题就出在紧紧包裹的裤袜上。

很多少女不管冬夏都喜欢穿紧紧的裤袜和紧身裤，表面上看没什么问题，其实给大量厌氧菌的滋生提供了有利环境，成为产生阴道炎的潜在因素。人体中有大量的共生菌，也有不少致病菌，如大肠杆菌、霉菌、厌氧菌等组成的菌丛，它们互相之间处于一种平衡的状态，其中厌氧菌最适宜在封闭、阴暗和湿润环境下繁殖，冬天虽然天气相对较冷，但是少女四肢运动活跃，而裤袜、紧身裤等一穿就是10多个小时。在长时间的紧紧包裹之下，很容易制造适合厌氧菌大量繁殖的环境。正常情况下，阴道内的厌氧菌含量为70%左右，但是经过这样的"环境培养"，将使其含量大大增加。菌丛比例一失调，炎症便产生了。

亲爱的女儿，爸爸妈妈知道青春期是爱美的年纪，但千万不能为了美丽而放弃健康。实际上，现在很多时尚还并不适合你，千万别让自己的青春之花过早地凋谢。

第7章

情窦初开：懵懂岁月里的"爱"何去何从

有人说，对于女孩来说，青春期是危险的，稍不留心，女孩就可能为感情所困，甚至耽误功课，犯下大错，为成长付出巨大的代价。其实，每个青春期女孩的内心都是矛盾的，毕竟，女孩永远对爱情有着美妙的幻想，希望有灰姑娘的爱情，希望有白雪公主的爱情，希望……然而，青春期可以恋爱吗？这一问题压在女孩的心中，成为她的心事。那么，懵懂岁月里的"爱"该何去何从呢？

到了青春期，怎么和男同学相处

很多性格内向的女孩都不知道怎么和异性相处。我们也许有这样的体验：青春期的最初阶段，男女同学相处似乎比较困难，即使是童年时代很要好的异性同学，这时也会不自然地回避。男女同学在学习、娱乐及各项活动中，界限分明，偶有接触也显得很不自然，不像儿童时代那样无拘无束、天真烂漫。这段时期，心理学上称"异性疏远期"。同时，有些女孩或多或少地受封建落后观念"男女授受不亲"的影响，认为男女交往有伤风化。因此，慑于舆论、慑于所谓的名声，男女同学间壁垒森严，互不搭界。当然，一些早恋的女孩，与喜欢的异性之间又过于亲密。因此，很多女孩就有了疑问，到底怎样和异性相处呢？

（1）尊重男同学是交往的前提。异性相吸是青春期发育的必然阶段。处于青春期的少男少女会产生一种强烈的想要接近异性、渴望交往的愿望，这种心理很多女孩自己也不能说清楚。面对这种难以捉摸的感情，心中会产生这样或那样的烦恼。

青春期女孩在男同学面前所表现出的种种不得体，主要在于不大了解男女相处的艺术，不了解异性相吸的自然性，夸大了异性的神秘感。如果改变对异性的看法，我们的行为也会有所改变，不妨大大方方地与男同学交往，坦承面对异性，慢慢地，就能用平和的心态与男同学交往了。

（2）要培养健康的交往常识，提倡男女同学间的广泛接触、友好相处，不管是男同学还是女同学，不要先把性别作为是否可以接触的前提。男同学、女同学都是同学，同学之间不存在可以接触、不可以接触的问题，更不能人为地设置影响互帮互学共同进步的心理障碍。

（3）和男同学交往，要本着以事情为核心，不妨在老师的指导下广泛开展集体性的活动，如勤工俭学、社会考察、参观访问、文体活动等。在集体活动中互相增进了解、沟通情感，清除由于不相往来造成的隔阂。

（4）学生时代的男女同学之间，应建立亲如兄弟姐妹般的友谊关系，尤其是男女同学单独相处时，一定要理智处事，光明磊落，善于把握自己的感情。

青春期除了是女孩身体发育的时期，也是性格、人格等逐渐完善的时期，更是情感的萌发期，青春期女孩应该以坦荡的心态和男生交往，在交往的过程中，以尊重为前提，把握好度，注意一些问题。

总之，亲爱的女儿，到了青春期，其实没必要和男生划开距离，但要学会得体地表现，让彼此之间的情感限定在友谊的范围内，这也有益于消除女孩对异性的神秘感，有益于女孩身心的发展！

青春期的"喜欢"该怎么处理

青春期的女孩，情窦初开，她们希望遇见一段浪漫的爱情，但在真正面对爱情时，很多青春期女孩往往是手足无措、心如鹿跃的……很多青春期的女孩都认为，或许这就是爱，但爱是非常抽象的东西，青春期这个阶段生理和心理都发育不成熟，对于两性关系还没有一个比较全面的认识，更谈不上能严肃地选择终身伴侣。

青春期在感情方面还属于耕耘时期，心理品质、价值观等都还未定型，可能今天认为不错的到明天就认为不好了。从现实的例子看，青少年的这种爱，没有几个能做到坚贞持久，往往是游移、不确定的多，白白浪费了感情、时间和精力，更重要的是耽误了学习。

因此，青春期的女生都不应该过度地表现自己的"情感"，情窦初开时，要选用正确的方法把这种情感释放出来，把"喜欢"的人埋在心底，找准自己的位置，努力学习各种知识，让自己的青春不虚度。

（1）自觉接受青春期教育，用科学知识破除对"性"的神秘感，使性知识的丰富与性道德观念的树立同步发展。

（2）珍藏对异性的爱慕感情于心灵深处，转化为互相尊重、互相鼓励、互相推动、互相学习的动力。净化心灵，清除爱慕中"情欲"的杂质，防止异性交往中的单一指向性和进行活动的排他性。

（3）讲究风度，注意礼仪。做到端庄和蔼，以礼相待，举止适度，说话（特别是开玩笑）注意分寸，表现出对对方的尊重，显示自己的文明修养。

（4）要注意培养"四自"（自爱、自重、自尊、自强）的观念，在情窦初开、思想敏感、感情热烈之时，要矜持自控，防止"青春期"变成"苦恼期""黄金时代"变成"多事之秋"。

（5）异性交往的感情已有超越友谊界限迹象的青春期女孩，要及早把热度降温，用理智驾驭感情。

总之，青春期的女孩要记住：青春花蕾的开放不能随意提前，否则就会过早凋谢，不艳不香，更谈不上结出丰硕的果实。

亲爱的女儿，妈妈很理解你现在的心情，但你要知道，青春期的主要任务是学习，而恋爱对于心智并不成熟的你而言必然耗费大量精力，影响你的未来发展。你认为你喜欢哪个男孩，不妨把这些心事记录在你的日记里，写下你的喜欢和爱慕，也可以告诉妈妈，我是你最好的朋友，试着释放绷紧的心弦，这段"爱恋"会随着时间酝酿久远、芳香四溢！

异性交往就一定是早恋吗

青少年由于生理发育和性成熟，很容易产生性冲动，会对异性产生有别于同学间友谊的、希望接近的冲动。还有的会表现为对异性的广泛关注，渴望了解异性的心理和生理，了解异性对自己的态度。这一些都是正常的生理、心理现象。如果这些反应一点没有，反倒应该怀疑是否生理发育出了问题，但必须有所自律，爱慕但不能"早恋"。

青春期的少女产生怀春心理，并且可能会出现"早恋"的迹象，这是为什么呢？这是因为进入青春期的少女，身体的发育使第一性征和第二性征发生变化，开始有两性的自我意识。在"窥探"两性关系的好奇心理支配下，形成了青少年男女间一种幼稚的、带有一定盲目性的"异性爱"形态，这就是人们通常说的"早恋"。

实际上，异性之间的交往并不等于早恋，也就是异性友情与爱情有很大的区别，"他到底是不是喜欢我呢，一会儿跟我很亲密，一会儿又拒我于千里之外，我们之间是爱情吗？"这是很多青春期女孩遇到的问题，在友情与爱情之间产生错觉，这主要也是因为女孩没有正确地区分友情与爱情的界限。

青春期女孩与异性适当交往，对于女孩的成长是有益的。

（1）异性交往能满足渴望交流的需要。除去青春期生理、心理发育带来的对异性交往的渴望，十几岁的孩子渴望认识异性朋友、与异性交往还缘于对兄弟姐妹情感的向往。现在的孩子兄弟姐妹少，甚至是独生子女，身边缺少同龄人做伴，生活比较孤单。一旦心里有话需要倾诉的时候，孩子就会找个说得来的同学或者朋友来替代自己的兄弟姐妹。

（2）异性交往是人格独立的需要。青春期女孩，除了生理发育和性成熟外，独立意识也大大增强。她们会强烈地意识到自己不是小孩子，希望自己可以独立，尤其情感上的独立。于是，女孩不再喜欢依赖父母，跟父母间的交流也不容易产生共鸣，不少家庭的女孩与父母之间还出现所谓的"代沟"。她们往往通过独立认识、交往新朋友、建立自己的同龄朋友圈来证明自己已经独立。

（3）异性交往是性格互补和身心健康发展的需要。有的女孩说："我觉得男生心胸开阔，和他们在一起时我的心情也开朗了。"有些男生讲："也不知为什么，比赛时如果有女生在场观看，我们男生就跑得特别卖力。"其实，这些都说明正常的异性交往对双方的心理健康发展会有促进作用。由于男女同学各自特点不同，男生往往比较刚强、勇敢、不畏艰难、更具独立性，而女生则更具细腻、温柔、严谨、韧性等特点，男女同学的正常交往可以促使双方互补，对他们的性格发展和智力发育都有益处。

因此，青春期的女孩们，一定要明白，男女生之间的交往对于自己的成长是有益的，但不能交往过分，更不能因此而影响到学习成绩及精神状态。爱情和友谊之间还是有一定界限的，你要把握好这中间的界限，才能正确区分和异性之间的交往，也才能逐渐培养正确的人际交往能力，从而在与异性同学交往的过程中做到互补、互学和互助。

理性对待早恋行为

早恋，即过早地恋爱，是一种失控的行为。青春期的女孩可以对异性爱慕，但必须学会控制这种心理的滋长和蔓延，更不要早恋。

青少年时期是精力最旺盛、求知欲最强、长身体、长知识的金色年华。但生理和心理发育都不够成熟，待人处事还比较幼稚，性知识比较缺乏，性道德观念还未曾形成，中学阶段所谓的爱情是情感强烈、认识模糊的。相爱的原因往往极其简单，没有牢固的思想基础，有的是受对异性的好奇心、神秘感的驱使；有的是以貌取人，为对方的外表风度所吸引；有的是羡慕对方的知识和才能；有的是由于偶然的巧遇对对方产生好感等。他们没有认识到思想感情的一致是真正爱情的基础，观念、信念、情操是否一致是决定爱情能否成功的最主要的因素。青春期的女孩思想未定型，她们不可能对这些复杂的因素有科学、深刻的思考，也不可能真正了解自己和对方在这些方面是否一致。中学生的早恋好比驶入大海的没有罗盘、没有舵的航路，随时隐伏着触礁沉没的危险。这些女孩一旦堕入情网，往往难以克制自己情感的冲动，一旦彼此表达了爱慕之情，便立即亲密地交往起来，常因恋爱占去不少学习时间，分散精力，而严重影响学习和进步。她们中的大多数对集体活动开始冷淡，对集体产生了离心力，和同学的关系渐渐疏远。加上舆论的压力和家长、老师的反对，早恋者往往有一种负疚感，思想上背上包袱，矛盾重重，忧心忡忡。这种情况给女孩的身心发展造成了心理上的障碍。

早恋，不仅成功率极低，而且意志薄弱者还可能铸成贻害终身的过错。

当然，青春期的女孩需要与异性交往，喜欢交友，重视友谊，这有益于女孩的身心发展和自我完善，男女同学在一起踏青、划船、过生日、度假，从而交上知心朋友，可以互相倾吐内心的烦恼，取得真诚的理解，寻找心灵的慰藉，共同探讨人生的奥秘，切磋学习中的疑难。男女同学之间的这种正常交往是一种纯洁的友谊，是值得鼓励的。但女孩一定要有清醒的认识，这种友谊应该加以小心呵护，不能往"谈情说爱"方面联想，这种关系也绝对不可越轨。女孩在早恋面前一定要保持绝对的理性。

第一，要有清醒的头脑，认清是非，做事也要有原则，什么事该做，什么事不该做，全面稳定地把握自己，不贪图一时的感情宣泄，应着眼于光辉灿烂的未来。

第二，处理感情上的一些纠葛要坚决果断，不能像前面那位女学生所说的情不可却，欲止又行，应该把自己的意愿向对方说清楚，崇拜、羡慕、同情、帮助是一回事，感情是另一回事，二者不可混淆。

第三，要戒除自己的一些性好奇、性模仿心理，认清自己的现实情况和小说、银幕上的人物是有区别的，而不能在好奇、模仿的心理支配下做出不该做的事。

第四，和父母、老师、好友进行思想沟通，参考他们的意见，争取得到他们的支持与帮助。

中学时代是打基础时期，将来从事何种事业还没有定向，对每个中学生来说，今后的生活道路还很长。中学时代的早恋十有八九不能结出爱情的甜果，只能酿成生活的苦酒。亲爱的女儿，妈妈相信你也能把握好人生的舵，不会过早去摘青春期的花朵。

收到男孩子写来的情书怎么办

女孩子一旦到了青春期，身体发育逐渐成熟，很容易引起周围男生的注意，于是，她们会被男孩追，会收到男孩子写的情书，"情书"是许多中学生表达"爱"的一种方式。一个情窦初开的男孩女孩，当接到异性递来的"情书"时，脸红心跳是正常的心理现象，也许在成长过程中，很多女孩都会遇到这样的问题——面对情书不知所措。

任何一个女孩子在被人追的时候，心理都是很复杂的。也许很惶恐，但是更多的是开心，毕竟有人追证明自己是有魅力的。于是，会有些女孩禁不住甜言蜜语，接受男孩的追求；也有一些女孩，出于好奇心，抱着"也不损失啥"的态度而试一试；更有女孩出于"这么出色的男生追求我，看我多有本事"的显示心理而四处炫耀。这些都是感情堤坝的缺口，这个缺口一旦被打开，势必给自己带来摆不脱、甩不掉的烦恼和痛苦。

青春期女孩，面对给自己写情书、闯进自己平静生活的男孩子，有着欲拒还迎的矛盾心理是正常的，但一定要理智，把这封"情书"收起，千万不要因为不好意思或怕伤害对方而敷衍了事，态度一定要坚决。

青春期女孩对于感情尚未形成一个比较全面的认知，而且青春期是学习的最佳时期，最好不要涉及情感的纠葛。作为青春期的女孩，如果你收到男孩写给你的"情书"，应该怎么办呢？当然，这要根据不同的情况，采取比较适当的方法解决。

（1）如果给你写情书的对方，是一个道德品质很不错、很正派、很有自尊心的同学，你最好不要公开这个事情，长时间放一放，不予理睬，可能他就知趣了。如果以后他还写情书给你，你可以给对方回个信，感谢对方对你的感情，但是你的态度要坚决，不要让对方造成误会，断然表明态度，到此为止，今后仍是同学、朋友。

（2）如果对方是一个道德不高尚的同学或校外人，要坚决回击，明确告诉对方不要纠缠，不要无理取闹，你不要给他回信，不要赴约，要冷淡他，不要给他任何机会和可乘之机，有机会就警告他。

（3）如果你碰上的是难缠的同学，甚至采取威逼利诱等手段，如写字条恐吓你、半路拦截你或故意在同学中玷污你的形象，你可以求助同学、老师、家长甚至学校领导，对此不要害羞，更不要胆怯，你越害羞、越胆怯，不敢告诉老师、家长或校领导，对方的胆子会越大，所以一定要勇敢些。

当然，更重要的是应检查一下自己，诸如是不是自己有轻浮的地方，自己的言行是不是有不检点的地方，自己是否对此问题有不坚决不明朗的地方，有意识提醒自己注意和改正。接到情书后要做好自我心态的调节，要用理智把握自己，做感情的主人，抑制自己的性冲动，使自己的青春更丰富、更灿烂。

亲爱的女儿，被人追，表明你有魅力，的确值得高兴，觉得很甜蜜、骄傲，可是又不敢轻易答应他，害怕恋爱会给学习带来影响；但不答应，这份美好又将失去，这也是一种矛盾的心理。其实，最正确的办法把这份羞涩的喜欢放在心底，兴奋过后一定要把"情书"收起，把那份美好埋在心底，你们正处在长知识、长身体的黄金时代，世界观还未形成，缺乏必要的社会知识与经验，如果过早地陷入爱情的旋涡，势必会影响自己的学业和身心健康。你要做的是，明确自己在青春期的奋斗目标，把精力重新投入学习中，这才是明智之举。

"哥们"这个关系更适合

估计有很多青春期女孩都有这样的苦恼："我该怎么和他相处？"比较正确的做法是把喜欢放在心底，不妨和那个"喜欢"的男孩做"哥们"。

青春期的女孩在与男孩相处时，容易产生两种极端的情况：一些女孩，对男孩子处处设防，显得过于拘谨，"不敢越雷池半步"，甚至不敢大方地说话，生怕招来非议，结果弄得自己尴尬对方也尴尬，丧失了和异性交流的机会；也有一些女孩则对男孩显出过度的兴趣，好像有说不完的话，热情过了头，这种女孩给人的感觉比较轻浮。

其实，这两种极端的相处方式都是错误的，女孩与异性相处的"最高境界"就是像跟同性一样交往，也就是人们常说的"哥们"关系，这样你可以很自然地跟尽可能多的异性交往。记住你的每一个交往对象首先是人，然后才是男孩或者女孩，不管男孩还是女孩，你都可以与之成为朋友。

有人说，男女之间不存在绝对纯真的友谊，其实，这种观点是错误的，也是狭隘的。

人类的情感有很多种，和异性之间的关系也不仅限于人们常说的爱情，还有关爱、喜欢、欣赏等。异性交往并非必然陷入恋情，更可能是同学、师生、朋友、合作伙伴等多种人际关系。另外，青春期是人格完善的阶段，与异性相处，还是一种"爱的修炼"。是对未来缔结婚姻、组建家庭做准备，也是对未来发展事业和适应社会人际关系做必要准备。

女孩进入青春期渴望与异性交往，是女孩身心健康发展的重要标志。学会与异性和睦相处也是我们必备的一项技能。青春期的女孩，一切处于就绪和准备阶段，更需要从异性身上学到更多自身不足的东西。

另外，女孩与异性交往的时候，也不要刻意地淡化自己的性别，在内心把对方看成同性，并不改变对方是异性的事实。只要有助于你扩大交往圈子，就大方地接近异性。但任何时候要记住自己是女孩，这样，也就有意识地在与男孩的交往中保护自己。

再者，女孩也可能会对某个异性产生好感，此时，女孩要把握好尺度，尽量避免和异性谈及情感问题，学会把你们的关系往友谊上引导，学习上与其取长补短，要学会不伤感情地拒绝异性的追求。青春期女孩可以和异性做无话不谈的朋友，异性间应建立良好的友谊，互帮互助，促进身心健康地发展，但应注意度，尽量避免"一对一"的异性相处，凡事要本着以事情为中心。

总之，青春期女孩，记住并不是所有的深入交往都要发展成亲密关系，女孩要学会处理和异性之间的关系，"哥们"关系更适合，否则容易引起误解，欲罢不能，严重的甚至会对自己造成无法挽回的伤害，影响身心的发展。青春期只有一次，别让青春期的美丽之花提前凋谢！

被男同学告白，如何不伤感情地拒绝

作为女性，当我们得到所期望的求爱时，内心会感到莫大的满足和幸福，但当求爱的人是自己不满意或不能当作恋人来喜爱的对象时，就会感到莫大的苦恼。苦恼的根源在于我们既想拒绝这一爱情表白，又怕伤了对方的心。尤其在对方与自己有深厚友谊时，这苦恼就来得更为强烈。因为一旦拒绝，友谊很可能会随着一句"对不起"随风消逝。然而，不管多么困难，不能接受的爱情总是要加以拒绝的。对青春期的女孩来说，拒绝别人的求爱更是件不容迟疑的事。只是，要选择好方法和时间。

（1）态度要坚决，不能模棱两可。拒绝对于对方来说难免是一种伤害，但不能因此而犹豫不决。否则，会造成不必要的误会，对彼此双方都会造成伤害。既然是对你有好感、追求你的人，对你的言行一定非常敏感，不给他任何希望，才会让他知难而退。

（2）学会不伤自尊地拒绝对方。当然，这也是要根据对方的性格和人品而言。如果对方是道德品质好、真心实意求爱的异性，如果你希望能维持彼此间的友谊，你就要注意自己说话的方式，尽量减少拒绝给对方的心理伤害，也使对方更易于接受，就必须设法维护对方的心理平衡，尽量减少对方的内心挫折。要让对方明白，你拒绝他并不是因为他不够好，而是因为自己的原因。具体说来，你不妨先对对方的人品和才华等加以赞许，然后说明你为什么不能接受求爱的理由；说出的理由要合乎情理，最好从对方的角度提出有利的方面，让对方觉得拒绝也是为了他好。

（3）选择合适的时机。合适的时机是对方求爱一段时间后，一般来说，不要在对方刚表白爱情时立即加以拒绝，因为此时对方很难接受；但也不可拖延太久，给对方造成误会。当然，具体选择什么时机，要视具体情况而定。

（4）选择恰当的方式。应该考虑你们平素的关系和对方的个性特点，选择或冷处理或面谈或书信等方式，但建议你不要采用托人转告的方式，也不要在公共场合，因为这显得对对方不够尊重，还可能带来不必要的麻烦。

亲爱的女儿，我相信你能把握好和异性交往的度，处理好一些友谊之外的感情，也希望你们能在健康、阳光的氛围中度过青春期！

我好像喜欢上了男老师怎么办

青春期是每个少女情窦初开的时期，而与之接触最多的除了同学就是老师，这个年纪的女生最容易对稍长几岁的男老师产生一种爱慕之情，因为他高大、帅气，讲课慷慨激昂，语言幽默生动，而那些年纪稍大的男老师，也容易吸引年轻女生的眼球，因为他儒雅、绅士，即使最枯燥的课也能讲得栩栩如生。于是，很多女生感叹：爱上男老师该怎么办？

对于这个问题，女生首先要让自己清楚，这只是一种喜欢而并非爱，爱与喜欢之间有很大的差距。那么，青春期女孩该怎样分清对老师的情感是爱还是喜欢呢？这就需要冷静地思考下面的几个问题。

（1）爱一个人或许不需要理由，但必须知道爱他什么，也就是他有什么特质吸引了你。

（2）爱是相互的，爱一个人从某种角度讲，其实是意欲将自己的情感强加于被爱者，必须明白对方的感受或意愿。你清楚老师被你"爱"的感受或意愿吗？

（3）爱除了是一种感觉外，更需要责任心。爱一个人说白了是要对对方的一生负责，包括生老病死、贫穷与灾难，包括他移情别恋的可能性。任谁都有权利爱或被爱，但必须清楚自己爱的储备是否足够对方一生的消耗。请认真清点自己爱的储备是否充足。

（4）爱情也需要经济基础。在经济社会，没有"纯粹的爱情与婚姻"，爱的双方必须拥有相对平衡的社会平台。

当明白这些以后，女孩你还要明白，他并不是适合你的人。

首先，你们年龄上就有一定差距，人生经验和社会阅历上有差距，人生观、价值观也有不同。

其次，青春期的喜欢并不稳定。你们之间并不是相互了解，你之所以喜欢他，是因为你把他想象得比现实中完美。而你也许是情窦初开，等心理成熟以后，就会发现其实你所选择的他并不是你想要的那种人。

最后，在学校里容易受到周围人的影响，可能你并不想谈恋爱，但是别人都在谈，你也许就会去留意某个人，但这个人并不一定就是你心目中的那个白马王子。

青春期的女孩要把对老师的爱慕转换为学习的动力，如果你把这种喜欢的感觉用得恰到好处，你会发现这是你学习的动力，还能促进你学习的劲头，但如果你执意觉得这是种不正当的想法，往往会使你成绩下滑、身心交瘁。喜欢老师没什么可怕的，相反，这是正常的。这表明你已经开始注意异性，并有了爱的能力，但你要把握住一个度，那么这将成为你黑白色学习生活中的一抹彩色，可以照亮你的心，把你的心映成彩色的！

别让自己成为网恋的牺牲品

很多青春期的女孩，因为紧张的学习把自己压得喘不过气来，于是偶然的机遇，接触了网络爱情。和网络中的对方交谈时，她们能暂时抛弃学习和生活中的烦恼，尽情地吐露自己的不快。那么，网络爱情现实吗？

在如今这高科技时代，网络成为许多人生活中不可缺少的一个重要部分，网恋也越来越多，许多女孩为这虚幻的情感神魂颠倒。也许正是虚幻的美丽，给大家一个想象的空间，也给了网恋一个极大的市场。但毕竟网恋只是情感上、精神上的沟通，现实中的许多问题在网络上根本无法体现出来，并不完全可靠，网络的虚拟与现实中的真正接触还存在一定的差距。网络上即使有爱，也必须在现实中才能得到发展，否则不过是空中楼阁，海市蜃楼，水中月镜中花，太虚幻，太难以实现。青春期衔接着女孩的童年和青年，是人生的岔路口，是长身体、学知识、立志向的重要时期，失败的网恋，会让女孩有一种说不出的痛，因此，作为青春期女孩，一定要提高警惕，不要让自己成为网恋的牺牲品。

的确，关于网恋的话题实在太多，其是否现实也是相对于其对象和群体而言的，不同的人对它的看法也是不同的，有人避而远之，唯恐不小心掉进网恋的陷阱让自己受到伤害；也有人觉得无所谓，认为如果遇到自己喜欢的人，在网上来场精神恋爱也不错；还有人认为网恋虽然美丽浪漫，却总是太虚无，美丽过后太痛苦，想尝试却又害怕，于是多了一份暧昧的感觉。

诚然，因为网恋成功地登入幸福婚姻殿堂的女性大有人在，但是，我们可以发现，这些女性基本上是成年女性，而不是处于青春期的女孩，青春期的女孩，对社会没有全面深入的认知，看不清网络世界中很多人都戴着虚假的面具，很少在别人面前流露自己的真情实感与内心想法。青春期的女孩在网络世界中，对着电脑，的确少了许多压力，单纯的你们可以抛开所有的伪装，在网络中用坦然的文字与人进行交流，在情感的世界中毫无保留地释放着自己的心情，可是你能保证对方也是以这样的心情跟你交流吗？

网恋的美丽浪漫，让上网的人拥有一份虚拟空间的网络情缘，但网恋也可能是一个致命的陷阱。所以，亲爱的女儿，一定要正确对待网恋，不要奢望，不要全身心投入，不要轻易释放内心的情感。利用网络，我们可以浏览一些对自己有益的知识，也可以和自己投缘的朋友倾诉自己的情感，但要保留一份界限，不要让自己陷入网恋之中。

第8章

青春悸动："性"，不得不谈的问题

青春期的女孩子，年龄一般在13～18岁。这个年龄的女孩子正在上初中、高中或者刚刚步入大学或中等专业学校。青春期正是长身体、学知识的黄金时代。然而有些女孩子在这人生的十字路口，由于不能理智地控制感情，分不清友情与爱情、恋爱与婚姻的界限，常常陷入早恋的泥坑，甚至发生性越轨和未婚先孕的情况。性越轨和未婚先孕不仅摧残少女的身体，而且往往给她们心灵上带来巨大的创伤。因此，每一个女孩都应当自尊、自爱、自重、自强，珍惜自己的青春年华，千万不可"一失足成千古恨"，让青春之花过早凋零。

什么是性早熟、性晚熟

1. 什么是性早熟、性晚熟

女孩在8岁以前，出现第二性征，如乳房发育，出现阴毛，乳头色素沉着，阴道不规则出血，月经初潮，则为女性性早熟。

性晚熟和性早熟正好相反，是指发育延缓或错后。严重的性晚熟由于发育不成熟而终身不能生育。

一般来说，女孩到了14岁，仍然没有性征发育的任何征象，就应该考虑是不是有性晚熟的可能。正常人从第二性征开始出现到具有成人的特征，一般需要经过4年半的时间。如果从青春期躯体发育特征的出现到生殖器官的生长完善，超过5年还没有完成，就要考虑是不是有性晚熟的情况。

2. 性早熟和性晚熟的原因

性早熟根据其病因，可分为两类。

（1）中枢性性早熟或真性性早熟。该类性早熟是由于下丘脑—垂体—性腺轴提前发动引起的。

（2）外周性性早熟或假性性早熟。这类性早熟是由于分泌性激素的肿瘤或组织增生（先天性肾上腺皮质增生症、肾上腺皮质肿瘤、性腺肿瘤）产生性激素或摄入外源性性激素（大量或长期服用含有性激素的药物或食物或使用含性激素的护肤品）引起性征发育。假性性早熟除了性征表现外，还伴有其他的症状。

性晚熟的原因，多与基因遗传病和染色体病有关，如特纳氏综合征等。此外全身性免疫病和营养不良，如结核病、糖尿病、吸收不良症候群等也可使青春期发育延迟。

3. 性早熟和性晚熟的危害

也许有些女孩认为，性早熟的人会比同龄人高，实际上完全相反。因为性早熟的女孩较正常的女孩来说，青春期会提前，会提早大量分泌性激素，虽暂时生长加速，身高较同龄人高，但由于性激素的刺激，骨龄明显超过实际年龄，使骨骺提前闭合，生长的时间缩短，本该长个子的年龄却停止生长，而最终导致身材矮小。

性早熟除了影响女孩的身高外，她们也会过早来月经，要过早背负身体成长带来的精神压力，因此，往往精神会十分紧张，影响正常生活和学习。

与性早熟相反的是，性晚熟的少年因为第二性征出现晚或不出现，容易产生自卑和心理障碍，部分患者最终导致身材矮小。

因此，若发现女孩性早熟或性晚熟，要及时治疗。每到寒暑假很多身材矮小的患者蜂拥而来医院就诊，但是前来就诊的孩子中有些都是15岁以后父母才想到要治疗的。结果，有些孩子因为年龄太大，治疗效果不是很理想。

无论是性早熟还是性晚熟，都是发育异常，都要及时治疗。亲爱的女儿，爸爸妈妈这是在为你上生理知识课，我们希望你能健康成长！

有性幻想是坏孩子吗

可能，很多青春期女孩和父母通常都认为，学习成绩好、听父母和老师的话就是好孩子；反之，一旦做出让父母或者老师不中意的事情就变成坏孩子。很多女孩在有了性幻想的体验后，就觉得自己是个坏孩子，羞愧、自责甚至无心学习。实际上，性和吃饭一样，是人体必需的。因为，从生理角度上看，性冲动不受大脑支配而是由血液中的激素水平所决定的，是一种不以人的意志为转移的自然现象，也是一种自然能量的积累过程，当它积聚到一定程度就应该有一个合理的宣泄途径。因此，性幻想就产生了。

那么，性幻想一般是怎么产生的呢？

处于青春期的女孩，在一般情况下，是不会产生性幻想的，但如果受到内外环境的刺激，如窃窃私语、异性体味体貌、抚摸、想象等，就会产生神经冲动，这种冲动传导到大脑的有关中枢会形成性兴奋，并通过神经系统作用于生殖器官，导致其生理和心理的变化。

对于女孩子来说，性幻想一般表现为阴蒂和阴道壁的充血膨胀，黏液分泌增多。在发生这些变化的同时，心里也会产生激动和快感。

因此，性幻想是青春期女孩的性冲动。女孩不必惊讶，这是女性发育到一定阶段的正常生理现象，但也应该加以控制，以免影响学习和生活。因为频繁的性冲动会使人对学习的兴趣下降，如不加控制，会使神经系统在短时间内失控，做出不理智的事情。

为避免这样的局面出现，女孩应该从小树立生活的理想和奋斗目标，把心思多放在学习和健康的生活上，多参加一些有意义的公共活动，让生活更充实、兴趣更广泛；不涉黄，养成有规律的生活习惯。这样，你对性的关注就会减少。同时，要和异性做正常的交往，以消除异性的神秘感，这样，就能大大方方地和异性交往了。

性爱，不属于中学生

女孩一旦到了青春期，性意识开始萌发，渴望和异性交往，这些都是情理之中的事，与异性适当交往，对女孩的身心发展都有帮助。但是女孩一定要理智对待与异性交往，注意度的把握，不可早恋，更不可在青春期就发生性行为。

青春期的女孩一旦"坠入情网"，常会有性冲动，这也是正常的。但青春期的女孩应该学会自尊、自爱，学会保护自己。青春期就有性生活，对于一个未成熟少年无论是身体还是心理，都有极大的危害。

1. 过早的性生活会给正处于发育阶段的生殖器和阴道造成损伤，甚至出现感染

青春期的女孩子身体各个部位的器官还未发育成熟，尤其是阴部的皮肤组织还很娇嫩，阴道短且表面组织薄弱，性生活时可造成处女膜的严重撕裂及阴道裂伤而发生大出血，同时还会不同程度地将一些病原微生物或污垢带入阴道，而此期女性自身防御机能较差，很容易造成尿道、外阴部及阴道的感染。如控制不及时还会使感染扩散。

2. 过早的性生活可因妊娠带来身心上的伤害

如果女孩在性交时不采取有效的避孕措施，极有可能怀孕，一旦怀孕，

必须做人工流产，这是唯一挽救女孩的措施，而人工流产不仅对女性身体不利，可引起一系列的并发症，如感染、出血、子宫穿孔及婚后习惯性流产和不孕等，而且因为周围舆论压力和自责、内疚，给女孩造成严重的心理创伤，女孩子会很长一段时间摆脱不了周围人的流言蜚语，甚至会影响婚后正常的性生活。

3. 过早的性生活可严重影响心理健康

性意识的朦胧可能会让少女偷尝禁果，一般情况下，她们都是偷偷摸摸地进行，缺乏必要的准备，因此精神紧张。同时在性生活过程中和事后又因怕怀孕、怕暴露而产生恐惧感、负罪感及悔恨情绪，久之还会发展为心理变态，如厌恶男子、厌恶性生活、性欲减退、性敏感性降低和性冷淡。这些都对女孩未来正常的婚姻生活造成一定的负面影响。

4. 过早的性生活影响学习和工作

青春期少女正处在努力学习，积累知识，为创造辉煌未来打基础的黄金时代，如果有性生活必定会分散精力，甚至无心学习，对本人、家庭和社会都不利，严重的会影响学业甚至一生的命运。

所以说，少女在青春期应忌性生活，应十分珍惜自己的青春与身体，把注意力和兴趣投入学习中去，这对于自身的健康成长、事业成就、生活幸福都有重要意义。

亲爱的女儿，你一定要意识到青春期性生活的危害，妈妈希望你能度过一个身心健康的青春期！

什么是艾滋病

关于艾滋病，青春期的女孩，应该了解以下内容。

1. 什么是艾滋病

艾滋病，即获得性免疫缺陷综合征（又译为后天性免疫缺陷症候群），英语缩写为AIDS。1981年在美国首次注射和被确认。曾译为"爱滋病""爱死病"。艾滋病分为两型：HIV-1型和HIV-2型，是人体注射感染"人类免疫缺陷病毒"（又称艾滋病病毒）所导致的传染病。艾滋病被称为"史后世纪的瘟疫"，也被称为"超级癌症"和"世纪杀手"。

HIV是一种能攻击人体免疫系统的病毒。它把人体免疫系统中最重要的T4淋巴组织作为攻击目标，大量破坏T4淋巴组织，产生高致命性的内衰竭。这种病毒在地域内终生传染，破坏人体的免疫平衡，使人体成为各种疾病的载体。HIV本身并不会引发任何疾病，而是当免疫系统被HIV破坏后，人体由于抵抗能力过低，丧失复制免疫细胞的机会，从而感染其他疾病导致各种复合感染而死亡。

2. 艾滋病的症状

艾滋病病毒在人体内的潜伏期平均为12~13年，在发展成艾滋病病人以前，病人外表看上去正常，他们可以没有任何症状地生活和工作很多年。

艾滋病的临床症状多种多样，一般初期的症状类似伤风、流感，表现为全身疲劳无力、食欲减退、发热、体重减轻。随着病情的加重，症状日见增多，如皮肤、黏膜出现白色念球菌感染，表现为单纯疱疹、带状疱疹、紫斑、血肿、血疱、滞血斑，皮肤容易损伤，伤后出血不止等；以后渐渐侵犯内脏器官，不断出现原因不明的持续性发热，可长达3~4个月；还可出现咳嗽、气短、持续性腹泻便血、肝脾肿大，并发恶性肿瘤、呼吸困难等。由于症状复杂多变，每个患者并非上述所有症状全都出现。一般常见一两种症状。按受损器官来说，侵犯肺部时常出现呼吸困难、胸痛、咳嗽等；如侵犯胃肠可引起持续性腹泻、腹痛、消瘦无力等；如侵犯血管可引起血管血栓性心内膜炎、血小板减少性脑出血等。

3. 艾滋病的传播途径

艾滋病主要是通过性行为、体液的交流，以及母婴传播。体液主要有：精液、血液、阴道分泌物、乳汁、脑脊液、前列腺液等。其他体液如眼泪、唾液和汗液，存在的数量很少，一般不会导致艾滋病的传播。

人们经过研究分析，已清楚地发现哪些人易患艾滋病，并把易患艾滋病的这个人群统称为艾滋病易感高危人群，又称为易感人群。艾滋病的易感人群有男性同性恋者、静脉吸毒成瘾者、血友病患者、接受输血及其他血制品者、与以上高危人群有性关系者等。

因此，生活中一般的接触并不能传染艾滋病，所以艾滋病患者在生活当中不应受到歧视，如共同进餐、握手等都不会传染艾滋病。艾滋病病人吃过的菜、喝过的汤是不会传染艾滋病病毒的。艾滋病病毒非常脆弱，如果离开人体暴露在空气中，没有几分钟就会死亡。艾滋病虽然很可怕，但该病毒的传播力并不是很强，它不会通过我们日常的活动来传播，也就是说，我们不会因浅吻、握手、拥抱、共餐、共用办公用品、共用厕所、游泳池、共用电话、打喷嚏等而感染，甚至照料病毒感染者或艾滋病患者都没有关系。

亲爱的女儿，了解这些后，当你身边有艾滋病患者，你不应该歧视他，应在精神上给予鼓励，让他积极配合医生治疗，战胜病魔。同时让他注意自己的行为，避免将病毒传染给他人。

第9章

人际关系：如何做个人见人爱的女孩

女孩到了青春期，就是一朵盛开的花，一定要开得灿烂，这个年龄段也是未成熟到成熟的转型期，更是由未成年到成年的衔接期。此时，女孩要开始学习一些为人处世的本领，因为无论任何人，没有真挚的朋友是孤独的，不懂得怎么立足于世是无法生存的。

懂得与异性交往很重要

事实上，处于青春期的男孩女孩，随着身体的发育，都会和同性的关系一下子亲密起来。青春期的女孩更为明显。

女孩一旦到了青春期，身体开始发育，对性别也有了与以前完全不同的认识，开始明白男女有别。同时，女孩会发现，平时只和同性有更多的共同语言。毕竟，有句话说得好："物以类聚，人以群分"，一般人都爱选择那些与自己志趣、爱好、脾气、个性、理想相同或相近的同伴为友，彼此的相似性，不但可以给自己心灵以安慰，还能让自己有一种安全感和归属感。

但青春期的女孩要明白，和同性之间的友谊固然值得珍惜，与男同学之间的交往同样重要，对提高自己有积极的作用。

1. 有利于完善个性

青春期一般是异性封闭期，而男女个性差异比较大，通过相互间的交往和交流，能使他们在个性发展上更丰富、更全面。每个青春期的女孩最终会成为一个成熟女性步入社会，成为社会中的一分子，交往范围越广泛，和周围的人联系越多样化、越深刻，自己精神世界也就越丰富，个人发展也越全面。

2. 有利于异性之间的情感交流

从情感差异方面看，女生情感较丰富、敏感、细腻、不外露，富有爱心和同情心，而男生则比较外露、粗线条、粗犷、豪放。女生比男生更为稳固、持久。青春期女孩和男孩的相互接触，有利于情感的健全。

3. 有利于丰富思维类型

性别不同，思维习惯和类型也不同，当然，这并不是说，男女生的智力水平有很大差异。如在思维方面，女性擅长右脑思维，即更多地偏向形象思维，凭直觉观察事物，更善于靠人际关系来办事；而男性擅长左脑思维，即逻辑思维，常常用抽象、逻辑推演去处理事情，女孩和异性交往，有利于思维类型的丰富。

当然，女孩和男孩交往的时候，要适度。总之，在和朋友交往的时候，要择益友，不要过多地在乎对方的性别，对那种与自己、个性气质和能力可以互补的人，要自觉地交往。这些更利于自己在知识上、处世能力上、个性成熟上较快而全面地成长和发展。

亲爱的女儿，妈妈明白老师把你和男生安排在一起时你的心情，可能你会有一些不安，但无论如何，你还是要懂得与异性交往对自己的成长有很大的好处，因为与自己差异较大的异性，往往会给自己更多的启发，开扩自己的视野，使自己从别人那里学到和看到另一种思想境界与性格特征，从中也学会同各种类型的人打交道、处世的本领，增强自己宽容和理解别人的能力，为今后真正走上社会，发展事业打下良好的基础。

和好朋友发生矛盾了，怎么解决

女孩到了青春期这个阶段，很多问题随之而来，除了学习的压力以外，还要面临经常出现的朋友之间的大大小小的矛盾，很多女孩认为，又不是我的错，不需要道歉！

其实，朋友之间有矛盾和误会，沟通很重要！只要把问题拿出来开诚布公地说，就很容易解决！如果彼此之间的问题没有那么严重，就应及时解释，误会一旦形成如果不及时解释的话就会逐渐深化，如果等到那时再想去挽回，可就为时已晚了……

所以，青春期女孩，如果你真的很在乎你们之间的友情，那么为什么不可以主动地找对方谈谈？当然，在谈话的过程中一定要控制好自己的情绪，不要进一步地激化矛盾，要相信朋友一定会感受到你的真诚的！事情只要说开了，朋友之间的那点矛盾和误会就会自然而然地化解！

为此，你可以这样做。

1. 要反省自己

如果你的朋友中，个别人对你有意见，可能是对方的问题。但如果你被孤立或者被众人排挤的话，你要做的就是反省自己，看看自己哪里做得不对，你试想一下，你是不是太"自我"了——凡事很少为别人着想，自己想怎样就怎样，或对朋友不怎么关心等。

2. 控制自己的情绪

"血气方刚"是年轻人的专利，情绪失控会造成很多悲剧。当你被激怒时，或者当你觉得自己血往上涌，只想拍桌子的时候，千万要转移注意力，或者数数，或者离开那个环境，当你学会控制情绪时，你就长大了。

3. 要学会大度、宽容

朋友之间，难免个性不同、生活习惯不同，要学会彼此尊重和包容。人都是重情谊的，你帮他，他也会帮你，互相帮助中，友谊更加深厚。在深厚友谊的基础上，彼此给对方提一些意见是很容易接受的。不是什么原则上的大错误，不要斤斤计较，要多包容。

4. 要正确看待每个人的长处和不足

人无完人，金无足赤。如果你发现你的朋友在外面彬彬有礼而跟你在一起时有点粗鲁，可能正说明他真的把你朋友，不能因为谁有某种不足就讨厌他，如果这个缺点不是品质上的，不是道德问题的话，你应该多包容。大家能够走到一起，本身就是一种缘分。

5. 帮助别人和关心别人

经常帮助别人的人，自己也会得到别人的帮助。例如同学肚子疼，给她灌一个热水袋，倒点热水；同学哭了，送她一张纸巾，拍拍她的肩膀，不用说话就能把关心传递过去。这都会让你和姐妹们的感情升温。

多交益友，完善自我

青春期是每个女孩的人格发展和形成期，这时候，交什么朋友、与什么样的人交往，会对女孩的一生产生影响，不但影响女孩的言行、穿着打扮、处世方式、兴趣趣味，还影响女孩自身的价值观、对自我的认识。

交友是应该有选择的，而且要从善而择，和好人交朋友，自己才能提高、完善。所谓"与善人居，如入芝兰之室，久而不闻其香"，长期与一个人在一起，自然会受到潜移默化的影响。那么，青春期的女孩，应该选择什么样的人做朋友呢？

这个问题不能笼统而论。因为每个人的需要是不一样的，所以择友也有不同的标准。不过，择友是有一些规则的。古人云："择友如择师。"现实生活中，一般人都喜欢找各方面或某一方面比自己强的人做朋友。以强者、优秀者为自己平时行为举止的榜样，这一点，在青春期青少年中尤为明显。例如，有的女孩指责同伴中的一个"喜欢当官的，尽跟班干部在一起"。其实这个女孩的选择是对的。这是她的一种交友之道，无可厚非，同时，这也是出于一种使自己迅速强大起来、建立理想自我的愿望。况且，在同龄人中，见多识广、有能力的人更容易引起周围人的注意，更容易交到朋友。当然，每个人都有每个人的长处，见到别人的长处，应该学，见到别人的短处，应该戒。不可盲目自满和自悲，只要自己肯学习，肯修正自身的不足，将来一定会有作为。

总的来说，青春期的女孩在交友上应该做到以下三个方面。

1. 拓宽自己的交友面

青春期的女孩要学会广交朋友来完善自己，扩大自己的交友圈子，接纳不同类型的朋友，多层次、全方位的朋友无疑对自己的发展是有益的，当然，应该把那种见利忘义、损人利己的"小人"排除在外。另外，要有广阔的胸怀，对于朋友的过错，也要尽量包容，毕竟"人非圣贤，孰能无过"。同时，如果有一两个敢于直陈己过、当面批评自己过失的诤友，那你应该庆幸，这是真正的朋友。

2. 善于观察，交益友

古语云：近朱者赤，近墨者黑。是否能交到益友，关系到自己的一生。所以，择友的过程，一定要谨慎。在还未了解对方基本品质之前，仅凭一时的谈得来和相互欣赏就急急忙忙贸然地把自己的信任与情感全盘托出，是容易为以后不良关系的展开埋下伏笔的。尤其是女孩子，更要注意，朋友要广，但不能滥交，要恪守"日久见人心"的古训，通过与对方多次的交往与活动，观察对方的言谈举止，就可以洞悉对方的个性、爱好、品质，觉察他的情绪变化，从而判断他是否值得深交。

3. 与不良朋友划清界限

孔子曰："益者三友，损者三友。"青春期的女孩交上好的朋友，有利于自己学习进步和个人身心全面发展，一生受益无穷。但青春期女孩缺乏社会经验和分辨是非的能力，在交友上一定要慎重，要交有道德、有思想、有抱负的人做朋友，要与遵纪守法、正直、善良的人做朋友，要与学习认真、兴趣广泛的人做朋友。对于那些不良朋友，一定要划清界限，有些女孩受周围不良朋友的影响，拜金主义、享乐主义思想不断滋长，追求奢侈的生活作风，放纵自己，不仅荒废学业，还有可能走上违法犯罪的道路。

青春期女孩，在日常的生活中，在与人交往的过程中，多交益友，懂得学习朋友身上的长处，避其短处，这样，你们的人格、性格、能力等很多方面都会有所完善！

多参加有意义的聚会

很多青春期的女孩忙于繁忙的功课和三点一线式的生活，每天的生活紧张又千篇一律，慢慢地，和同学疏远了，和朋友疏远了，生活也变得枯燥无味。为了调剂一下生活，青春期女孩可以多参加有意义的聚会。

参加此类聚会最重要的益处就是能锻炼一个人的交际能力。青春期是每个女孩甚至每个人跨入社会的前奏，社会是人生的大课堂，作为即将成为社会人的青春期女孩，多参加有意义的聚会，能让女孩学会与人交际应酬，锻炼自己说话的能力和为人处世的能力，也能结交不同的人，这对于青春期女孩的智力、人格、性格等方面都有积极的影响。

另外，参加一些有意义的聚会，如同学聚会，还能联络彼此之间的感情，拉近和同学之间的距离，让自己更受同学的欢迎。女孩一旦到了青春期，就会自动地疏远异性，一般情况下，只生活在自己的小圈子内，实际上，异性之间的适度交往，对于青春期的女孩是很有必要的。

再者，参加聚会也是适当调节学习压力和吐露心事的一个重要方式，毕竟同龄人之间有着太多的相似点，面对每天同样紧张枯燥的学习生活，他们更容易引起共鸣，相互之间的交流能减轻生活和学习的压力，彼此之间的鼓励也会让女孩鼓起勇气和信心，继续努力学习！

因此，女孩参加有意义的聚会是有益处的，当然，这个前提是聚会是有意义的。那么，通常情况下，哪些聚会是没有意义甚至是有害的呢？

（1）网友之间的聚会。随着网络的盛行，很多青春期女孩在业余时间喜欢泡在网上，也就容易认识一些网络朋友，很多青春期女孩更是单纯地认为网络中有纯真的友谊和恋情，甚至与网友一起聚会。其实，这是很危险的，青春期女孩对待网络朋友，一定要慎重，更不可单独地与网络朋友聚会。

（2）以奢侈消费为前提的聚会。现代校园中，攀比之风盛行，一些女孩子，三天两头聚在一起，谈论一些不适宜未成年人的话题。实际上，这些聚会也是无意义甚至是有害身心健康的。另外，以这种方式交往的朋友充其量也只是酒肉朋友，不是真正的益友。

（3）与社会不良人士之间的聚会。我们发现，社会上有一些黑社会帮派，总是喜欢把魔爪伸进学校，因为学生相对单纯，更容易为其所用，而他们惯用的伎俩就是用物质诱惑学生，还打着所谓的交朋友旗号。青春期的女孩，一定不要参加这样的活动，一旦交友不慎，后果不堪设想。

亲爱的女儿，妈妈告诉你这些，是希望你能多参加一些有益于身心发展的聚会，要避开那些无意义的活动，让自己远离危险禁区！

怎样和老师相处得更好

可能很多女孩会和那个女学生一样，因老师对自己管得过于严格而厌恶老师。其实，不管老师做什么，他的出发点都是为了你，希望你能成人成才，老师是你的第二个家长，对于老师，你要理解。当你对老师有了不良情绪的时候，多从自己身上找原因，多从自己这里找出路。因为老师也是人，我们应该容许人家有不足。而且老师是恩人，不管你承认不承认，也不管他喜欢不喜欢你，他在课堂上教给你的知识不比别人少。学会尊重他，你会收获不少！

另外，青春期的女孩，恐怕都有这样的体会：与哪个老师关系比较融洽，就喜欢上哪门课，哪门成绩就好；如果与哪个老师关系不和谐也会殃及那门课，这大概也是爱屋及乌的反映吧。学生的大部分时间在学校里，就免不了和老师交往，那么，青春期女孩，该怎样与老师交往，怎么和老师搞好关系呢？

1. 尊重老师及老师的劳动

有人说，老师是太阳底下最光辉的职业，这句话一点也不假，老师从踏上岗位的那一刻起，就无私地奉献着自己的青春。老师对学生严厉，也是希望学生学好，要问老师希望得到什么回报的话，就是希望看到学生成才、成熟，希望看到学生从自己那里学到最多的知识。

因此，青春期女孩，不管老师怎样严格要求你，你都要理解老师、尊敬老师，见到老师礼貌地打声招呼。另外，用实际行动尊重老师的劳动：上课认真听讲，不破坏纪律，把老师留的作业保质保量地完成。尊敬老师，尊重老师的劳动，是师生和谐相处的基本前提。

2. 勤学好问，虚心求教

可能你会认为"那个老师并不怎么样""他的水平太低了"，等到长大以后，你就会知道这种看法和想法是多么天真。因为不管老师水平到底怎样，老师之所以能成为老师，必当够格教你知识，老师的学问、阅历也肯定在你之上。

所以，要向老师虚心求教，好问不仅直接使学习受益，还会加深和老师的交流，无形中就缩短了与老师的距离，每个老师都喜欢肯动脑筋的学生。其实，向老师请教问题往往是师生间交往的第一步。除班主任外，任课老师并没有多少时间和学生直接交往，常向老师请教学习上的问题会加深师生彼此的了解和感情。

3. 犯了错误要勇于承认，及时改正

人无完人，青春期的女孩都会犯错，作为老师，都能理解，并愿意指正你的失误。有的女孩明知自己错了，受到批评，即使心里服气，嘴上也死不认错，与老师处得很僵。也有一些女孩，"一朝被蛇咬十年怕井绳"，受过老师一次批评心里就特别怕那个老师，认为他对自己有成见。这都是没必要的。错了就是错了，主动向老师承认，改正就是好学生。老师不会因为谁有一次没有完成作业，有一次违反了纪律就认为他是坏学生，就对他有成见。相信老师是会全面、客观地评价学生的。

4. 正确对待老师的过失，委婉地向老师提意见

在有些学生心里，老师就是完人，老师不应该犯错，实际上，这种想法是不正确的，老师也是人，也会犯错，也会有失误。其实，根本不可能存在没有缺点的人。老师不是完美的，如果他有的观点不正确，或误解了某个同学，甚至有的老师"架子"比较大，或是太严厉，这都是可能的。心理学的研究发现，人们会对没有缺点的人敬而远之。

如果你发现老师的不足要持理解态度，向老师提意见语气要委婉，时机要适当。相信老师会感激你的指正。如果老师冤枉了你，不要当面和老师顶撞，否则不但无助问题的解决，还会恶化师生的关系。暂且忍一忍，等大家都心平气和再说。不管怎么说，老师是长者，做学生的应该把他们置于长者的位置，照顾老师的自尊心和面子。

亲爱的女儿，妈妈希望你能像对待父母一样对待你的老师，要把老师当成你的第二个家长，要尊敬、爱戴你的老师，和老师搞好关系。因为与老师关系融洽既可以促进学习，又可以学到很多做人的道理，会使你一生受益无穷。爸爸妈妈相信你能做到这一点！

让更多同学喜欢你的方法

不受同学欢迎，人缘差，这的确是困扰青春期女孩的一个问题，每一个女孩都希望自己受大家的欢迎，能融入周围的同学中。如何做到让别的同学喜欢你，女孩要从自身找原因，这样才能有针对性地改变自己。女孩可以先和好朋友聊聊原因，再自己回想下自己在哪方面做得不够，也可以让她们帮忙问问班里的其他同学为什么不喜欢你。也可以拿张纸出来，写出你认为班上受欢迎的女孩交际好的原因，比方说她说话的方式、内容，再与自己做对比，也就能找出自己人缘不好的原因了。

其实，与人交往并不是难事，只要拥有以下良好的交往品质。

（1）自信。自信是人际交往中重要的一个品质，因为只有自信，才能将自己成功地推销给别人认识，无数事实证明，自信的人更易赢得他人的欢迎。

（2）真诚。"浇树浇根，交友交心"。想要交到真正的知心朋友，就要学会真诚待人，真诚的心能使交往双方心心相印，彼此肝胆相照，真诚的人能使友谊地久天长。

（3）信任。在人际交往中，信任就是要相信他人的真诚，从积极的角度去理解他人的动机和言行，而不是胡乱猜疑，在心里设防护墙，因为信任是相互的，尝试信任别人，你也会获得信任。美国哲学家和诗人爱默生说过，你信任人，人才对你重视。以伟大的风度待人，人才表现出伟大的风度。

（4）自制。与人相处，经常可能会因意见不同、误会等发生摩擦冲突，而面对摩擦，学会克制自己的情绪，就能有效地避免争论，达到"化干戈为玉帛"的效果。青春期女孩，要想克制自己，就要学会以大局为重，即使是在自己的自尊与利益受到损害时也是如此。但克制并不是无条件的，应有理、有利、有节，如果是为一时苟安，忍气吞声地任凭他人无端攻击、指责，则是怯懦的表现，而不是正确的交往态度。

（5）热情。在人际交往中，热情的人总是不缺朋友的，因为别人能始终感受到她给予的温暖。热情能促进人们相互理解，能融化内心的冷漠。因此，待人热情是沟通人的情感、促进人际交往的重要心理品质。

人际交往是一门学问，青春期是培养交往能力的重要时期，也是积累人生阅历和社会实践的重要时期。拥有良好的交往品质是与人交往的前提，青春期女孩应该把心打开，让自己融入集体，让自己人生的重要时期多姿多彩！

亲爱的女儿，爸爸妈妈知道你在与人交往方面做得一直不错，但我们希望你能做得更好！

第10章

爱上学习：学习是青春期学生的主要任务

生活中，每个青春期女孩都知道"知识成就命运"这个道理，也必须掌握知识，正是因为如此，青春期的女孩学习压力大，除了每天紧张的学习外，还要面临残酷的学习竞争，一场场的考试、一次次考试成绩的排名、一道道习题把这些本来可以轻松学习和生活的女孩压得喘不过气来。那么，青春期女孩到底该如何学习，又该如何释放学习压力呢？

明确你的学习目的——你在为谁学习

不可否认，很多父母在教育女孩的时候，都有一定的个人愿望，希望女儿按照自己的愿望成才，也有一些私心："我的梦想是成为芭蕾舞舞蹈家，可是那个年代根本不可能实现。现在我要培养自己的女儿来帮我完成这个心愿。""院子里那几个女孩考试都是前几名，我的女儿居然还有一门功课不及格，我怎么出去见人啊，真丢脸！"

这些话或多或少地被紧张学习中的女孩听到，让这些女孩认为：我是在为父母而学习，因为父母要面子，儿女学习成绩好是父母在人前炫耀的资本！

有这样的想法，与很多家长培养孩子的方法和动机有很大关系。正所谓"望女成凤"，每一位家长都对自己的女儿寄予了殷切希望，希望女儿有出息。然而，事实上这却导致很多孩子并不"买账"，她们似乎铁了心要跟家长"对着干"——不爱学习，不想去学校，不参加培训，甚至不和家长说话，不理会家长为自己所做的一切，就更别说理解家长、体会家长的良苦用心了。这些都让家长很苦恼，到底女儿是怎么了？

其实，青春期女孩，为人儿女的你，应该明白，"可怜天下父母心"，所有的父母希望自己孩子好的根本原因都是为了你们自己，你们应该理解父母的用心良苦。有自己的思维和自己的观点固然可以，但你要明白，自己学习到底是为了什么，真的是为父母的面子？当然不是，是为了充实自己、培养自己，让自己成为一个有用的人。如今的社会，竞争这么激烈，不学会一技之长来充实自己，你们怎么能具有竞争力呢！

抱着这样的学习动力，女孩应该为自己设立一个目标，让自己成为一个有独立能力的人。然后按照这个目标，去努力实现它，在学习中，遇到问题的时候，要学会调节；在悲观失望、意志消沉时能及时调整自己，重新振作起来；能够适应社会，与他人和谐相处、有效合作，具备解决和化解矛盾、激励团队的能力；保持终身学习的信念——这些素质远远比一次考试考了多少分、在班上排第几名、考上某所大学重要得多。

慢慢地，你会发现，当你离这些目标越来越近的时候，你就能成为一个独立的个体，也就明白自己到底为什么学习。

所以，青春期的女孩，一定要珍惜现在的学习机会，充实自己的青春期。亲爱的女儿，爸爸妈妈也希望你能认识到学习的重要性，不要浪费大好的学习时间，但也要注意学习方法，注意劳逸结合，学会高效率地学习。这样，才能学得好，事半功倍，妈妈相信你能做到！

找到学习的方法，提高学习效率

很多青春期女孩都遇到过这种情况，明明自己很用功，可成绩总是不理想。原因之一是，没有掌握学习方法，学习效率太低。同样的时间内，只能掌握别人学到知识的一半，这样怎么能学好？学习要讲究效率，提高效率的途径大致有以下几种。

1. 学习时要集中精力，不要分心

不是花在学习上的时间越长学习就越好。学习必须讲效率。真正会学习的人，并不是整天对着书本的人，而是在学习的时候全神贯注、不分心的人，他们的学习往往能事半功倍。

2. 学会有条理地学习

会学习的人，也是一个做事理性、条理分明的人，相反，一个丢三落四，书本、作业摆放杂乱无章的人，是不会学习的，因为他们的大部分精力会浪费在一些无意义的寻找工作上。没有条理，怎么能学好呢？

3. 积极主动地学习

有人说，兴趣是最好的老师。在日常的学习中，女孩子要主动积极地学习，并把学习当成一件有乐趣的事，这样，没有学不会的知识。而且，这是一个循环的过程，如果你成绩提高了，对学习也就会产生更多的兴趣，这就是为什么有些学习成绩好的学生在学习上总是有饱满的激情，而那些学习成绩差的女孩，成绩一跌再跌，最终对自己失去信心。

4. 多锻炼，保持充沛的精力

身体是"学习"的本钱。没有一个好的身体，再大的能耐也无法发挥。因而，学习再繁忙，也不可忽视锻炼。女孩子似乎都不怎么重视体育活动，事实上，这是一种误区，女孩子本身体质弱于男生，如果再忽视锻炼，身体会越来越弱，学习越来越感到力不从心。这样怎么能提高学习效率呢？

5. 劳逸结合，保持充足的睡眠

每个女孩必须坚持每天8小时的睡眠，晚上不要熬夜，定时就寝。中午坚持午睡。充足的睡眠、饱满的精神是提高学习效率的基本前提条件。

6. 保持愉快的心情，和同学融洽相处

每天有个好心情，做事干净利落，学习积极投入，效率自然高。另外，把个人和集体结合起来，和同学保持互助关系，团结进取，也能提高学习效率。

学习是学生的天职，学习成绩也是检验学生学习情况的重要手段，很多女孩虽然很努力，但学习成绩却不见提高，这就是学习效率的问题，而想要提高学习效率，就要掌握正确的学习方法。另外，在中学阶段就养成好的学习方法和习惯，拥有较高的学习效率，对人一生的发展都大有益处。

但提高学习效率并非一朝一夕之事，需要长期的探索和积累。前人的经验是可以借鉴的，但必须充分结合自己的特点。影响学习效率的因素，有学习之内的，但更多的因素在学习之外。

亲爱的女儿，妈妈希望你能充分利用好自己的时间，掌握一些正确的学习方法，这样，才会学得快、学得好！

考试失利好难过

每个青春期的学生尤其是女生心理相对比较脆弱，面对考试失利，自然是有一定心理压力的，这是主观认知在客观条件下作用的结果，考试前，她们对自己的能力和水平有个评估，而当考砸以后，在客观结果上就形成一种差距，这时心理压力也就产生了，这种压力的危害是相当大的，轻者产生心理阴影，重者会做出一些过激的行为。因此，青春期女孩，一定要学会给自己减轻考试压力，以正确的心态接受考试结果。那么，如何减压呢？

1. 应该正视失败，别光盯着消极面

俗话说，胜败乃兵家常事，考试失利，也是常事，对于学生来说，再正常不过，你要做的不是一味地沉浸在失败的痛苦中，而是要勇敢些，正视考试失利，并用辩证的眼光看待。你这一次的失利，是因为你还存在很多没有学好的知识，正是体现出了考试的意义。进行经验和教训的总结，才是你在考试失利后应该做的事，而不是生活在懊悔或自责中，消极地看待失利后正在或将要面临的问题。

2. 学会倾诉

女孩子是比较敏感的，一旦考场失利，她们会以为周围的人都在议论自己，于是，就选择躲避，甚至羞于见老师和同学。其实，这是不必的，也许你正担忧别人议论你的时候，别人在议论的却是另外一件事，而且，考试失利的事，任何人都会遇上，没什么可丢脸的。为什么不把自己的心情告诉老师和同学呢？倾诉不仅可以让你的心灵得到释放，还能拉近和他们间的距离。相反，心存猜忌、闷闷不乐，只会造成误会和隔阂。

3. 转移注意，规避悲观情绪

任何人面对考试失利，都会有消极的情绪体验，只是一些人调节能力较好，在经历了一些快乐的情绪体验后，能重新振作，重新投入学习。另外一些人，紧盯着那个很低的分数，而不愿意转移视线。

其实，规避悲观情绪的方法有很多，例如，聆听一段喜欢的音乐，净化浮躁的心；全身心地投入一场体育比赛，也有助于缓解你的失意情绪。当然，这种规避悲观情绪的方法是为了重新振作，不是不思进取，女孩在进行了身心的放松后，还是要以学习为主要任务，努力提高学习成绩。

4. 正确评估自己的实力，降低过高的学习目标

重视学习过程而不要过于计较考试结果，把考试当成作业，把作业看作考试，以平和的心态来对待考试。这样，即使考砸了，也不会太过失望。

5. 善于总结经验教训

从考试中看到自己的不足，才是考试的意义与作用。一次失利并不代表次次失利，相反，它是下次成功的前奏。青春期女孩，当你一次考试失利后，应多问问自己为什么会失利，应该怎么补救。

实际上，我们不能否认，有些女孩考试失利，并不是因为知识积累不够，而是考试时的情绪导致，如焦虑。针对这种情况，女孩要及时调整自己的心态，在考试时摆正心态，发挥自己的真实水平。

亲爱的女儿，人生不如意十有八九，考试失利不过是命运对你心理承受能力的一种考验罢了。失利了，别失意，若以坚强的意志与自信跨过逆境，你就会在人生大道上迈出更坚实的步子，获得意想不到的胜利和快乐。其实，考试的结果并不重要，用轻松的心态对待考试，或许你的收获会不一样！

学会释放内心的压力

很多青春期女孩都会出现这一问题。她们身上的学习压力很大一部分来自外界，如父母、老师、同学之间，但压力终究是自身的一种精神状态，也是可以自我解除的。学习压力对一个学生来说，表现在两个方面：一方面是适当的压力会激励学生；另一方面是过高的压力会使人崩溃，所以减压显得非常重要。

进入青春期后，女孩的学习是紧张的，但必须是放松的。女孩只有正确地处理这一辩证的问题，才能明白应该以怎样的心态面对每天紧张的学习，也才能在紧张的学习中轻松地学好，因为最大效率的学习，必须要有轻松的学习心理，没有过重的学习负担。相反，患得患失、瞻前顾后是学不好的。

正所谓"日出东海下西山，愁也一天，喜也一天；遇事不钻牛角尖，人也舒坦，心也舒坦"。很多时候"烦恼"都是自找的，所谓天下本无事，学习也好，日常生活也罢，没那么多大不了的事，有什么事正面去面对，解决好，总会过去的。

那么，青春期女孩该如何释放自己的心理压力呢？在制订合理的学习目标的前提下，不妨试试以下方法。

1. 树立自信

自信是任何人做任何事能成功的前提，因为只有自我肯定，才能以最佳的面貌获得别人的肯定。学习也是这样，别人能学好，能拿好成绩，你也可以，相信自己，才能发挥真实的水平。

2. 保证睡眠，劳逸结合，不打时间战

良好的精神状态是学习效率高的前提，整天混混沌沌是学不好的。因此，你一定要懂得调好自己的生物钟，不要和时间赛跑。

3. 适当参加运动，提高自己的身体素质

若时间允许，可在平时唱唱歌、跳跳舞或者参加一些集体娱乐活动。在看书做作业中间，做做深呼吸、向远处眺望等。

4.加强沟通，保持心理平衡

与家人或老师交心沟通，排解紧张的心理情绪，有时老师的一句话会让你豁然开朗。

5.掌握窍门，学会自我减压。

怎么减压呢？每个人都会有一些释放压力的小窍门，无论采用什么方法，只要能解决问题就是好的，并没有统一的方式，如深呼吸、听歌等，也可以散步。

还可以通过自我暗示减压。例如，你可以告诉自己，大家都处于紧张的学习之中，压力不是我一个人独有的，他们能顶着压力学习，我也能，这样一想，压力也就立马减轻了。另外，在每天早上出门前，可以给自己加油："我今天很漂亮，我今天要满载知识回家。"带着这样的心情进入学习生活，学习必然是轻松的。

亲爱的女儿，你要明白，只有轻松自如地学习，学习才有乐趣，才会更有效率。这就需要你们积极进行自我调控，一旦产生障碍、形成压力，就要适当放松自己。

努力学习，也要劳逸结合

很多学生和梅梅一样，认为只有抓紧时间学习，不放过每一分每一秒，尽可能地多学习知识，才能把成绩提上去，其实这是一种误解。休息不好，会对眼睛、大脑不好，因为睡觉就是休息自己的左半脑，如果休息不好，第二天一整天你就会觉得全身无力，提不起精神。

的确，生活中，不少女孩面对繁重的学习负担，为了不落后于其他同学或者想稳坐学习尖子的宝座，她们学习极其用功，在学校学，回家也学，不时还熬熬夜，题做得数不胜数，但成绩却总上不去。面对这样的情况，她们十分焦急，本来，有付出就应该有回报，而且，付出得多就应该回报多。但实际的情况却并非如此。

这里存在一个效率的问题。学习效率指什么呢？学习效率是学习快慢的表现形式。好比学一样东西，有人练10次就会了，而有人则需练100次。如何提高学习效率呢？其实最重要的一条就是劳逸结合。

学习效率的提高最需要的是清醒敏捷的头脑，所以适当的休息、娱乐不仅仅是有好处的，更是必要的，是提高学习效率的基础。

英国教育家斯宾认为"健康的人格寓于健康的身体"，只有保持身体健康才能保证心理健康。有许多精神紧张、压抑者通过体育锻炼，出一身汗，精神就轻松多了。科学研究证明，一些呼吸性的锻炼，如散步、慢跑、游泳等，可使人信心倍增，精力充沛。因为这些活动让人的机体彻底放松，从而消除紧张和焦虑的情绪。

在学习上亦是如此，每个女孩都曾经有过这样的体会，如果某一天，自己的精神饱满而且情绪高涨，那样在学习一样东西时就会感到很轻松，学得也很快，其实这正是学习效率高的表现。因此，保持自我情绪的良好是十分重要的。

在日常生活中，女孩应当有较为开朗的心境，不要过多地去想那些不顺心的事，而且要以一种热情向上的乐观态度去对待周围的人和事，这样无论对别人还是对自己都是很有好处的。这样，就能在自己的周围营造一种十分轻松的氛围，学习起来也就感到格外的有精神。讲究劳逸结合，保持乐观心境。这样，同样的时间内，就能掌握比别人更多的知识，劳逸结合的途径大致有以下几点。

1. 每天保证8小时睡眠

作为休息的方式之一——睡觉，对于人体的休息有很大的作用。第一是消除身体疲劳，第二是消除精神疲劳。另有一种观点认为，睡眠的主要功能是消除大脑的疲劳。人的一生中，将近三分之一的时间是用于睡觉的。刚出生的婴儿几乎每天要睡20小时；即使成年后，每天也要睡6～7小时。而且，青春期的女孩正处于身体发育的阶段，保证充足的睡眠也是必需的。

应保持良好的作息习惯，每天定时就寝，晚上不要开夜车，只有休息好，才能学习好。中午坚持午睡。充足的睡眠、饱满的精神是提高效率的基本要求。

2. 多参加体育活动，坚持体育锻炼。

身体是学习的本钱。现代社会，很多青少年都处于亚健康状态，根本原因就是不注重体育锻炼。因而，学习再繁忙，也不可忽视锻炼。刻意地追求学习成绩而不放过每一分钟学习的机会却忽视体育运动，身体越来越弱，你会感到学习越来越力不从心。这样怎么能提高学习效率呢？

3. 学习要集中精力，不要分散注意力

玩的时候痛快玩，学的时候认真学，这才是最佳的也是最有效率的学习和生活方式。一天到晚埋头苦读，并不一定会有良好的学习效果，因为面不离书，并不一定是用心读书，学习时，一定要全身心地投入，手脑并用。

4.积极主动地学习

只有积极主动地学习，才能感受到其中的乐趣，才能激发自己的学习欲望，这样，才会提高学习效率。而有些女孩子，底子本来就薄，还不愿意向老师、同学请教，认为这会失了面子，结果成绩越来越差，这又从何谈起提高学习效率。这时，唯一的方法是，向人请教，不懂的地方一定要弄懂，一点一滴地积累，才能进步。如此，才能逐步地提高学习效率。

5.复习与整理是重要环节

学习过程中，把各科课本、作业和资料有规律地放在一起。待用时，一看便知在哪。而有的女孩查阅某本书时，东找西翻，不见踪影。时间就在忙碌而焦急的寻找中逝去。没有条理的学生不会学得很好。

学习效率能否提高，还受学习之外的其他因素影响，这是因为人的体质、心境、状态等诸多因素与学习效率密切相关。

当今社会已经不是一个"头悬梁锥刺股"即能成功的社会，学习上也是，时间加汗水、加班加点、牺牲休息时间、完全不顾自己的身体，这种做法有损身体健康，又没有效率，往往事与愿违。

亲爱的女儿，你应结合自己的生理承受力，科学地安排作息时间。即使学习紧张，紧张中也要有松弛，劳逸结合才符合人的心理生理规律。学习之余，打打球、唱唱歌、去郊游等，紧张的心情得以放松，压力自然也就得到缓解。同时，广泛地培养兴趣，做一些使自己舒心的事，也都有利于减轻压力。

如何提高记忆力

记忆力差，课上学的知识很快就忘记了。有时候一个单词本来已经熟练地记下了，可很快就忘记了；做事丢三落四。这是很多青春期女孩苦恼的事情之一。事实上，记忆力也是可以增强的。

提高记忆力的过程，实际上也是克服遗忘的过程，培养良好的记忆力也不是什么不可能的事，只要你能在学习活动中进行有意识的锻炼。以下介绍九种增强记忆力的方法。

（1）兴趣学习法。兴趣是最好的老师，这话并不是毫无根据的。如果你对学习毫无兴趣，那么，即使花再多的时间，也是徒劳，也难以记住那些知识点。

（2）理解与记忆双管齐下。理解是记忆的基础。只有对知识点加以分析，然后理解，真正了熟于心，才能记得牢、记得久。仅靠死记硬背，则不容易记住。对于重要的学习内容，如能做到理解和背诵相结合，记忆效果会更好。

（3）集中注意力。其实，课堂上的时间是最好的学习和记忆时间，充分利用好课堂时间，课后只要稍花时间加以巩固，就能真正获得知识。相反，如果精神涣散，一心二用，就会大大降低记忆效率。

（4）及时复习。遗忘的速度是先快后慢。对刚学过的知识，趁热打铁，及时温习巩固，是强化记忆痕迹、防止遗忘的有效手段。

（5）多回忆，巩固知识。要真正将某项知识记牢，就要经常性地尝试记忆，不断地回忆，这一过程可使记忆错误得到纠正、遗漏得到弥补、内容难点记得更牢。

（6）读、想、视、听相结合。同时利用语言功能和视听功能，来强化记忆，比单一默读效果好得多。

（7）运用多种记忆手段。

（8）科学用脑。在保证营养、积极休息、进行体育锻炼等保养大脑的基础上，科学用脑，防止过度疲劳，保持积极乐观的情绪，能大大提高大脑的工作效率。这是提高记忆力的关键。

（9）掌握最佳记忆时间。

一般来说，上午9~11时，下午3~4时，晚上7~10时，为最佳记忆时间。利用上述时间记忆难记的知识，效果较好。

总之，知识的积累，就像建造房子，从砖到墙、从墙到梁，是一个循序渐进的过程。青春期的女孩，你学习的时候，也一定要掌握一定的方法，这样，你复习的时间不需要很长，但效果会很好，磨刀不误砍柴工，就是这个道理！

第11章

脆弱的青春期：你要做保护自己的勇士

青春期的女孩朝气蓬勃，身体也逐渐发育成熟，最容易引起异性的关注，这其中不乏性骚扰者。女孩必须学会一些保护自己的措施，在与男孩相处的过程中，要了解什么是性骚扰，该如何和异性相处，对如何保护自己有深层次意义上的认识。

怎样防止遭遇性侵害

什么是性骚扰呢？比较普遍的定义有以下两种。

（1）任何人对其他人做出不受欢迎的性要求或不受欢迎的获取性方面好处的要求。

（2）他/她们做出其他不受欢迎的涉及性的行径，而这些行径是一个合理的人应会预期该位受注视的人会感到受冒犯、侮辱或威胁。

总而言之，任何以言语或肢体，做出有关"性的含义"或"性的诉求"或性的行为，使得对象（受害人）在心理上有不安、疑虑、恐惧、困扰、担心等情况，均属性骚扰。

美丽姣好的青春期女孩是异性关注的对象，很容易引起性骚扰者的注意，女孩在遇到性骚扰的时候，应采取措施保护自己，但最好的办法还是尽量避免性骚扰，应当像凯丽那样，积极行动起来，勇敢面对性骚扰，采取预防措施。即使面对性骚扰的现实侵害也不要一味害怕，应当学会审时度势，针对不同的情况，找出对策，然后采取不同的措施。

那么，怎么样才能避免性骚扰，让自己远离性侵害呢？

（1）在公共场所，尽量待在人群里，不要给性骚扰者下手的机会。遇到一些行为怪异的异性，应及时回避，同时还应该把你的拒绝态度明确而坚定地表达给对方，告诉他你对他的言行非常厌恶，若他一意孤行将产生严重的后果。

（2）对陌生男性要保持高度的警惕性。外出时，尤其在陌生的环境，若有陌生的男性搭讪，不要理睬，要注意那些不怀好意的尾随者，必要时采取躲避措施。对于那些总是探询你个人隐私，过分迎合、奉承、讨好你，甚至对你的目光和举止有异的男性，应引起警觉，尽量避免与其单独相处，给对方留下"下手"的机会。

（3）自尊自爱，不衣着暴露，减少性骚扰的可能性。很多调查资料显示，穿着暴露的女孩更容易引起性骚扰者的注意。而现实生活中，就有那么一些女孩，明知道这个道理，却衣着打扮过分暴露，穿袒胸露背或超短裙之类的服饰；有的女孩身着奇装异服，行为轻浮；也有一些女孩，喜欢听一些恭维、吹捧、赞美的话，或者刻意卖弄自己的青春魅力，等等。这类女孩很容易引起男性的性欲望，最终成为性骚扰的目标。如果女孩能够自尊自爱，就能够有效防止自己成为性骚扰的对象和陷入性骚扰的困境。

（4）尽量不要与异性结伴而行，不给性骚扰者机会。女孩子不比男孩子，要有警惕心理，懂得保护自己，当有陌生男人问路时，不要带路；也不要随便接受陌生人的宴请，以防坏人在食品里下药；更不要搭乘陌生人的机动车或自行车，防止落入坏人圈套。总之，女孩应尽量避免夜间独自外出，尽量走大路、光线通亮的道路。对于行人稀少、没有路灯设施的黑街暗巷，最好结伴而行。

青春期是女性一生中最宝贵的阶段，是人格的塑造期，对社会还未形成一个比较深入全面的认识，应尽量避免性骚扰，远离性侵害，才能让自己健康、快乐地成长！

亲爱的女儿，我希望你能在生活中形成自我保护的意识，不要让自己受伤害。

青春期女孩遭遇性骚扰怎么办

青春期的女孩朝气蓬勃，身体也逐渐发育成熟，最容易引起异性的关注，这其中不乏性骚扰者。女孩必须学会一些保护自己的措施，来对付性骚扰者。

女孩遇到性骚扰者，不外乎两种情况。

第一，在公共场合遇到性骚扰者。

毕竟是公共场合，只要了解性骚扰者做贼心虚的心理，就会有办法对付他们。因为在公众场所，他们心虚、精神紧张，随时准备逃离现场。如在公共汽车上，如果车厢较空，应尽可能躲开；如果车厢人多拥挤，可低声警告，也可以大声叫嚷，还可狠狠地抓破他的淫手，等等。

（1）倘若遇到坏人用挑逗性的语言、神态和动作来调戏，可视而不见，对其置之不理，让其知难而退。而对那些死缠烂打的纠缠者要严厉警告，不能麻痹大意。

（2）对那些动手动脚的坏人，你首先应该警告他们，如果他没有"收兵"的意思，你可以向周围群众揭露其丑恶行径，以引起周围群众对坏人的斥责和愤慨，从而得到大家的帮助。

（3）如果坏人继续为所欲为，就要马上报警，如果无法报警，就要高声呼救，待条件允许时打110报警，但报警时，不要离开人群，切勿在街上的电话亭打电话求助，尤其在僻静的路上，以免在电话亭内被坏人抓住。

第二，独自一人的时候遇到性骚扰者。

（1）你可以和路上出现的其他人搭话，让坏人以为你遇到了熟人，让他不敢轻举妄动。

（2）对骚扰者高声呵斥，言辞要强硬，声音越大越好，以泼辣的姿态将其吓退。

（3）如果坏人仍纠缠不休，可利用随身携带的一些物品如梳子、钥匙、瓶子等防身。

（4）与坏人搏斗时要高声喊叫，尽量向灯光明亮处和人群中逃跑，同时打110报警。

（5）记下坏人的相貌特征和穿着打扮，脱险后，马上打电话报警，向警方详细描述匪徒的情况。

总之，女孩在遇到性骚扰时，要想尽一切办法保护自己，将其制伏。

无论何时，女孩要有保护自己的意识

在男女交往时，随着交往的深入，有时候男方可能会提出要初尝禁果的想法。此时，女孩不应害怕男友生气而妥协。对于男友的这种不情之请，一定要坦然拒绝，因为这是你的自由，也是你作为好女孩的权利！

任何一个青春期女孩，都要明白一点，父母无法保护我们一生。即使是喜欢我们的异性，也常常会因为各种各样的原因，甚至会做出伤害我们的事情。

女孩们，当你们的身体渐渐发育成熟，首先应该了解自己的身体构造。女性的身体是非常娇嫩的，如果不了解自己的身体，你就无法更好地保护自己。

不少女孩会在青春期陷入爱河，在这个还不懂爱的年纪，她们懵懵懂懂地跌入爱情的旋涡之中，自以为拥有真爱。为了所谓的爱人，她们愿意付出自己的所有。她们不知道的是，大多数青春期的爱情，都会随着年龄的增长烟消云散。所以，女孩们，对于青春期的爱情，你应该学会有所保留。只有爱自己，别人才会更加爱你。

青春期的少男少女，一旦坠入爱河，往往会不管不顾。尤其是男孩，因为荷尔蒙的作用，他们总是会对心爱的女孩提出更进一步的要求。青春期的情侣，先是牵手，再到接吻，最终也许会偷尝禁果，做出不该做的事情。男孩在这个年纪往往缺乏理智，他们还不知道感情为何物，责任为何物，却盲目地给女孩很多的许诺。女孩呢？如果一味地沉浸爱情之中，缺乏保护自己的意识，就会导致生命之花过早凋零。聪明的女孩不会仓促地奉献自己，人生有太多的不确定性，你以为的地久天长真的只是沧海一粟。对于男孩提出的非分之想，女孩一定要坚定不移地拒绝。也许有的女孩会说，如果我拒绝了，他一定会说我不够爱他。女孩，你这么想就太傻了。你为何不反过来想想：如果他真的爱你，就不会对你提出这样的请求。一个值得托付的男生，不会为了一时的快乐，赌上你的一生。这么想来，你拒绝他的时候完全可以义正词严，而不必有任何愧疚。爱情，是双方都要努力去呵护和维系的，不是任何一方对另外一方的索取和强求。

青春期女孩，绝不能偷尝爱情禁果

有些女孩，在青春期时因为偷吃了禁果，所以必须承受她们生命不能承受之重。这样的打击，甚至连爸爸妈妈都无法接受。小小年纪的她们，在心理或身体上有了一道疤。对于她们未来的人生，必将产生不可预估的影响。

有人说，春回大地是用心播种的季节。经过春天的孕育和夏天的成长，终于等到金灿灿的秋，尽享人生的喜悦和甘美。这些丰硕的果实，是对我们春夏两季的慷慨回馈，也是帮助我们度过寒冬的食粮。如果你按捺不住自己，在夏天果实还很青涩的时候就摘取。那么，等到金秋，看着别人收获，你却一无所有；等到寒冬，看着别人享受果实，你却忍饥挨饿。这就是自然成熟的规律。其实，不仅仅万物在一年四季之中如此轮回，人生也是如此。母亲含辛茹苦地把每个女孩抚养长大，十六七岁的女孩就像是朝阳中顶着露珠的花骨朵。我们必须耐心地等待盛夏的到来，等到金秋的收获。如果在朝阳时分就把花骨朵摘下来，那么它这一生将不会再有机会绽放。很多女孩都有过一失足成千古恨的经历，她们懊悔不已，却恨这个世界上没有卖后悔药的。

人生，是一趟旅程。确切地说，人生，是一趟没有回程的旅程。如果把人生比喻成一张白纸，我们每个人都是画家，那么人生的画板上是不允许更改的。错了，还得错着继续画下去。正因为如此，每一个过来人都劝诫我们，一定要慎之又慎地对待人生。人生，不能着急。如今，很多女孩子都迫不及待地想要长大，可以自由地决定自己的人生，可以穿最好的时装，做想做的事情。然而，女孩们啊，不要着急。等到你真正长大，你就会发现最好的光阴原来在昨天。甚至对于爱情，你们也要迫不及待地尝试。近年来，随着西方思想的涌入，社会越来越开放，青春期女孩怀孕的事时有发生。十几岁的岁月，原本是最无忧无虑的时光。懵懂无知的她们，却把自己的人生搞得一团糟。古人曾说，食色性也。由此可见，性在成年人的生活中的确有着至关重要的地位，甚至是不可或缺的。然而，含苞待放的花蕾必须耐心地等到属于自己的季节，才能获得最美的绽放。那些过早沉浸爱河、偷尝禁果的女孩，等到最美的时节，你会发现自己的世界早已凋零。前文我们曾经说过，早恋、初恋，往往都是不能结果的花朵。既然如此，就把最美好的绽放留给你生命中最爱的那个人，凡事都要应景。很多时候，我们以为自己爱得死去活来，恨不得为对方付出生命，却在时间的流逝中不小心暴露了真相：他，只是你生命的过客。

亲爱的女儿，不管你多么痴迷于爱情，都必须保护好自己。禁果不能偷尝，必须等到人生相应的季节，这个果实才能成熟，才能给我们的人生带来更加美好的体验。退一步说，如果真的无法避免，也一定要做好相应的措施。不合时宜的妊娠，会给我们的身体带来无法逆转的伤害，也会给我们的人生带来不可估量的损害。

慎重对待网络朋友

随着计算机技术的发展，网络正以前所未有的强大力量冲击并影响着人们的生活，它在发展青少年智力的同时，也有其弊端，网络使人像吸海洛因一样成瘾中毒，它对网迷特别是青少年网迷的身心健康发展带来较大危害。

的确，现在社会，网络可以让两个不认识的陌生人畅所欲言地交谈。因为网络具有虚拟性和隐匿性的特点，但也带来了一些弊端，如网上"交友""聊天"以至"网恋"越来越严重。很多社会不良人士就将魔手伸向了青春期的女孩子。因为青春期女孩缺乏自我控制和自我保护能力。很多青春期女孩更是单纯地认为网络中有纯真的友谊和恋情，其实，不尽然，当你对网络另外一头的朋友相当信任时，或许你正陷入危险之中。近年来，不法之徒利用网络对少女实施犯罪的案例不断出现，少女因为迷恋网络而犯罪甚至丧命的悲剧也频频见诸报端。

青春期女孩，对待网络朋友，一定要慎重，你可以问自己是否知道以下几条信息。

（1）谈吐是否显得有素质？谈话可以看出一个人的修养。那些说话流里流气的人，毫无口德或者满嘴脏话的人要远离。

（2）对方的资料是否较全？如果对方对自己的真实情况遮遮掩掩的话，你要小心了，因为一个坦荡交友的人是不怕把自己的真实情况写出来的。

（3）是否有共同语言？这里的共同语言指的是人生观、价值观等方面是否相同，而不是一些负面的思想。

（4）交往持续多长时间了？时间是可以验证情感质量的。

当然，关键的是自己一定要清醒地对待网络朋友。你应这样做。

（1）保持警惕心。不要轻易告诉对方自己的真实住址、姓名、电话。除非交往时间很长，确认对方可以信任。

（2）最好能将网络与现实区分开，不要让网络影响现实。

（3）尽量少跟已婚异性交往，对方是否已婚，一般可从谈吐中听出来。

（4）尽量不要单独会见异性网友，尤其是在晚间，防止被骗。

（5）对方要求视频时，尽量回绝。

亲爱的女儿，妈妈明白，青春期的你需要朋友，但交友渠道一定要正当，对待网络那些朋友，一定要慎重，要学会保护自己，不要上当受骗！

第12章

梳理心情：克制自己的叛逆心态和情绪

  青春期的到来，很多女孩的身体开始飞速成长和发育，随之带来的，是她们在心理上的变化，她们开始和青春期的男孩一样，会面临很多不解与困惑。此时，渴望独立的她们本能地开始摆脱这些困惑，于是，她们叛逆、反抗父母与老师，稍有不快就发脾气……其实，正确的处理之道是，既要据理力争，又要冷静应对。最终应和父母进行良好的沟通，而不是疏远彼此之间的关系。

女孩有了心事这样说出口

青春期是变化的时期，处于这个阶段的女孩子，要结束童年的生活而过渡为成年人。处于过渡期的女孩子，除了每天紧张的学习外，还会面临很多成长的烦恼，这些都给她们的身心造成极大负担。因此，这个时期的女孩开始不再依赖父母和老师，而变得心事重重，即使无法解决的问题也自己闷在心里，其实，有心事闷在心里对于身心发展都是不利的，善于与周围的人沟通，才是解决心事的正确方法。

有些女孩子，喜欢把什么都挂在脸上，情绪变化快，刚才还阳光灿烂，一会儿就"晴转多云"，甚至电闪雷鸣、暴雨倾盆了，情绪的强烈和不稳定，实际上对于成长期的女孩来说，这是好事。如果女孩闷闷不乐，把心事闷在心里，倒对成长不利。

因此，女孩，当你有心事时，要学会和别人分享，不要自己硬扛。很多心理疾病，如抑郁症、焦虑、强迫症等，很大一部分就因为缺乏有效的沟通，不能释放自己的情绪，当内心的情绪被锁定在内心深处无法释放时，生命的动力、创造力、智慧、人际关系都被压抑在其中。

生活中，很多女孩，出了学校回到家中，大门一锁，远比旧社会的千金小姐更"与外界隔绝"，只剩下网络与外界联系，似乎只有在网络里才可以找到听懂她的话、了解她的人，所以造成许多女孩在家中无法上网就钻进网吧。

她们通过错误的方式发泄自己的心事，有的通过身体，有的通过沉默，有的通过幻想，这也造成女孩诸如多动症、抑郁症、网络成瘾等不良病症，更有甚者通过打架、行凶、吸毒来释放内心。其实这一切的表现都来自人需要释放的本能。一些女孩一生起气来就不能控制自己，做了过火的事情后又产生天大的悔恨。然后就又寻求其他方式发泄自己的内心感受，如此循环，却始终找不到排泄内心能量的出口。

其实，当你有了心事时，最需要的是有效沟通，也就是我们常说的要说出来，没有什么解决不了的事情，没有什么大不了的问题。有时候，可能你以为的无法解开的心结，你的倾听者的一句话会让你茅塞顿开。通常情况下，你的心事可以和父母、老师以及关系较好的朋友沟通。

（1）父母是你永远的依靠。现代家庭中，很多女孩和父母之间有代沟，这不仅仅因为父母工作忙、没时间，也和女孩的拒绝沟通有关。在家庭生活中，很多女孩都有过这样的经历，很多事情选择独自承受，不愿意和父母分享。当你们有话不能讲、不愿讲时，距离就产生了，这是人为制造出来的距离。换个角度，如果有一天你的孩子有话不愿意对你说，你的感觉又如何呢？

其实，父母毕竟是过来人，人生阅历比你丰富，你遇到的一些心事，也许父母能给你解决的方法，敞开心扉交谈，远比你一个人闷在心里好得多。

（2）老师也是你的朋友。事实上，你的心事只不过是老师遇到的一个个案而已，他能为你提供最好的解决办法。

（3）可以和朋友倾诉。当你无法和师长沟通时，或许同龄人可以理解你，因为她可能也会有同样的体会。

总之，亲爱的女儿，你有一定的承受能力，别让心事压垮自己，学会倾诉、学会沟通，心事才会随风而去，你才会快乐。

我该如何和父母相处

青春期是人生的岔路口，是长身体、学知识、立志向的黄金期。青春的心灵、情感、梦想都从此开始萌发。每当提起青春期，人们往往将其与叛逆联系起来，因为这时的女孩有了自己独立的想法，不再是父母身边可爱的乖乖女，对父母的教诲甚至是关心也会表现出反感。女孩子还会有许多不肯告诉父母的小秘密。所以这一阶段，孩子和家长的矛盾会表现得比任何一个年龄段都要多，许多家长也为此深感头疼，女孩子自己也会因为得不到父母的理解而感觉很痛苦。

其实，青春期的逆反心理也是一种矛盾的心理，由于生理、内分泌以及感情变化，她们易因小事生气，易于伤感。一会儿她认为自己已经"成年"，要求别人像对待成人一样对待她；一会儿又感到自己还是孩子，要求得到保护和母爱。但在父母眼里，她们永远都是未长大的孩子，父母喜欢用自己的人生经验和阅历来教导女孩，于是，矛盾就产生了，也就是人们说的"代沟"。

其实，"代沟"的产生还源于青春期女孩"心理断乳期"的到来。心理医生认为，12~16岁是孩子的"心理断乳期"。那么，什么是"心理断乳期"呢？

人的一生有两个重要时期，一个是生理断乳期，发生在 1 岁左右；第二个就是"心理断乳期"。

为人父母，我们都知道，任何孩子，在婴儿期断乳都是痛苦的。面对饥饿，他们疯狂地哭叫，张开待哺的小口执拗地寻觅母亲的乳头，而狠心的母亲却一勺勺给孩子喂进他所陌生的食物，孩子一次次倔强地吐出，最后终于进食了。这就是人类适应环境的一次重大转折——生理的断乳。

接下来，从12岁开始，孩子们逐渐脱离对父母的依赖，直到18岁完成整个脱离的过程。这个过程，就是少年逐渐摆脱父母、走向成人的过程，这一过程，被心理学家称为"心理断乳期"。此时少年渴望获得独立、渴望父母重新审视自己，把自己当成成人看待，但同时，他们自身又有很大的依从性，无论是精神上还是经济上，他们都不能摆脱对父母的依赖，尤其是当他们遇到一些青春期的生理和心理问题的时候，他们更需要获得父母的帮助。

那么，作为青春期的女孩，怎么才能和父母相处融洽呢？

（1）当遇到分歧时，尽量控制好自己的情绪，不激化矛盾，试着换位思考。有些时候我们的父母处理事情的方式的确不太正确，但从父母的角度考虑的话，你就会发现他们这些做法的出发点都是为了你好，世上，只有父母对儿女的关心帮助是不求任何回报的，想到这些，你自然也就能理解了。

（2）多沟通，你在青春期遇到的那些惶恐和不安都能从父母那里得到答案，这不仅能加深和父母之间的感情，而且你也无须孤独地承担青春期遇到的烦恼和痛苦了。

我亲爱的女儿，你要知道，现在的你处于青春期，人生的路很漫长却又很短暂，某天当你回头看时，那都是成长的痕迹。当我们步入中年的时候，父母也就进入老年，作为今天的你们，在人生的任何阶段都不要给自己留下遗憾！

无论如何都别用乱发脾气表达你的叛逆

青春期是一个负重期，作为青春期女孩，她们至少面临两方面的压力和挑战：一方面，身体正在急剧发育，使她们积蓄了大量能量，容易过度兴奋；另一方面，学习上的任务很重，面对激烈的竞争，心理压力普遍比较大。

更重要的是，随着年龄的增长，她们渴望对外部社会有更多的了解，人际交往也逐渐增多，各种各样的信息纷至沓来，这就使她们需要处理的问题越来越多，也越来越复杂。每个青春期女孩的血液里也流淌着亢奋的因子，青春期的她们把什么都挂在脸上，不像成年人那样善于控制或掩饰自己，常常喜怒皆形于色。在与人交往的过程中，一旦产生矛盾，很容易爆发，这也是很多青春期的女孩总爱发火的原因。

美国的一位心理专家说："我们的恼怒有80%是自己造成的。"而他把防止激动的方法归结为这样的话："请冷静下来！要承认生活是不公正的。任何人都不是完美的。任何事情都不会按计划进行。"

所以，青春期女孩要告诉自己："发火前长吁三口气"，事实上，很多事情都没有想象的那么严重。如果不学着控制自己的情绪，任着性子大发脾气，不仅解决不了问题，还会伤了和气。

那么，女孩该怎样抑制自己发火呢？

1. 积极的语言暗示

达尔文说过："人要是发脾气就等于在人类进步的阶梯上倒退了一步。愤怒是以愚蠢开始，以后悔告终。"女孩千万不要让自己变成情绪的奴隶。

女孩要想控制自己，不发脾气，可用语言暗示自己。语言是人类特有的高级心理活动，语言暗示对人的心理乃至行为都有着奇妙的作用。青春期的女孩，当你感到心中十分压抑，或者心中有一团无名火，想要冲对方发火的时候，可以用语言来暗示自己："别做蠢事，发怒是无能的表现。发怒既伤自己，又伤别人，还于事无补。"这样的自我暗示，就会使心情平静一些。

2. 正确的发泄途径

当你生气和愤怒时，并不是说要闷在心里，长时间地压抑愤怒对身心都有害，而是要选择正确的发泄途径，但在发泄前，你一定要考虑自己的发泄方式是否会伤害别人，是否会影响到你与其他人的关系，你可以选择体力上的发泄，如到空旷的地方去大喊几声，也可以进行比较剧烈的体育活动，如跑两圈、游泳等。

另外，你可以选择哭泣的发泄方式。在过度痛苦和悲伤时，哭也不失为一种排解不良情绪的有效办法。流眼泪并非懦弱的表示，哭是人类最正常的本能，哭能将心中很多的不快宣泄出去，哭可以释放能量，调整机体平衡。你在哭的时候，不妨选择在自己的亲人或者最可靠的朋友面前，大哭一场，痛苦和悲伤的情绪就会减少许多，心情就会痛快多了。所以女孩你该哭当哭，该笑当笑，但要把握好一个度，否则会走向反面。

3. 学会情绪对比

你要告诉自己，作为一个女孩，发脾气有失形象。对此，当你生气的时候，不妨照一照镜子，看看自己暴怒的脸有多丑，不如笑笑，你笑，镜中的你也笑，苦中作它几次乐，怨恨、愁苦、恼怒也就没有了。

4.创造欢乐

心情不好、心理压抑的人，看周围一切都是暗淡的，看到高兴的事，也笑不起来。这时候如果想办法让自己高兴起来、笑起来，一切烦恼就会丢到九霄云外。因此，当你想发脾气的时候，不妨多想想那些开心的事，这样，也就能将这种坏情绪压下去了。

总之，亲爱的女儿，与人交往，要懂得谦让，发火会伤害他人，也会伤害自己，青春期学会梳理自己的心情，才能以健康、积极的心态和饱满的情绪与人交往！

我就是很反感老师的管教

可能很多青春期的女孩都被老师管教过，大部分的原因不外乎上课不听课、打架、考试成绩差等，但这个年龄段的女孩，一般都不服老师的管教。

那么，青春期的女孩为什么不服老师的管教呢？

1.青春期孩子的逆反心理

在青春期到来之后，女孩的生理和心理都会有很大变化。当她们把目光从外部世界转向内部世界以后，发现自己已不是原先的"我"了，儿童时代的"我"变成一个全新的"我"。她们发现不但身体不是"我的"，就连个性也不是"我的"，而是父母、老师和其他人造就的。于是她们生气了。随之便与原来的"我"决裂，要求摆脱家长和老师的束缚，要求独立、自主，从原先的一切依赖中挣脱出来，寻求真正的自我，独立意识空前强烈。因此，如果老师管教她们，她们就会觉得又做回原先的"我"了，于是，她们急于发泄自己。

2. 老师"不恰当"的管教

这里的"不恰当"，指的是老师对学生的误解，例如，误认为她偷了东西等。

另外，很多中学老师还沿用小学时候"保姆式"的管教方式，而很明显，青春期的女孩渴望独立，很容易对老师的这种教育方法产生反感情绪。

3. 繁重的课业负担

青春期的女孩一般都已经进入中学，学习强度要远远高于小学。课程增加、科目众多、难度增大、课时加长、作业增多，如果跟不上这种强度的变化，也会让女孩对老师产生逆反心理，进而不服老师的管教。

学习是女孩生活中最主要也是最重要的部分，如果女孩子不服老师的管教，甚至出现一些负面情绪，那么，很可能会导致其对学习产生厌烦情绪，甚至厌学等。

其实，每个女孩都希望能成为老师眼中的优秀者，希望老师喜欢自己，在学校里，师生之间的人际关系和谐、友好、亲密，就能使师生团结合作，提高教育活动的效果。因此，那些对抗也只是表面的，老师仍然是孩子的理想目标、公正代表，她们希望得到教师的关心、理解与爱。那么，青春期的女孩，该怎样努力取得老师的支持呢？

1. 尊敬老师

尊敬师长，是每个学生必须做到的，老师辛勤地工作，希望每个学生都能成人成才，但老师也是人，难免有缺点、有错误，如果因为老师工作有错误就不尊敬老师，那是不对的。女孩，你应该体谅老师的苦心，更要尊敬老师。有了尊敬，才能建立良好的师生感情。

2. 努力学习，用成绩回报老师

老师希望每个学生都取得好成绩，对那些学习用功、成绩优异的学生，老师总是格外关注，因为他们是老师教学成果的最好证明，因此，要想获得老师支持，成绩是最好的武器，学习成绩的上升，会让老师看到你的努力，自然会喜欢你。

3. 主动关心老师

例如在某个节日的时候，你可以精心地制作一个礼物，并写上想对老师说的话，如在给班主任老师的贺卡上写道："亲爱的老师：这一年来给您添麻烦了，感谢您的辛勤培育。在新的一年里，我打算把各科成绩都提高一个层次，请您继续关注我，帮我一把，好吗？"相信，任何一个老师看了这张贺卡，都会被你的上进心所打动。

敞开心扉，别总是顶撞父母

有些青春期的女孩很逆反，她们也许原是父母眼中听话的好女孩，但是随着青春期的到来，她们开始关上心门，也基本上不和父母沟通，父母说一句，就顶十句，而且，无论怎么样，她们总觉得自己是对的。作为过来人的父母，自然更有"发言权"，于是，很多父母便为了更正女儿的观点而极力陈述自己的观点。如果双方始终坚持自己的立场，那么，便极容易产生一种对立的关系。

那么，青春期的女孩为什么会如此逆反呢？

青春期的女孩之所以产生叛逆心理，是有以下三个方面原因的。

第一，青春期到来后，女孩的身体开始快速生长和发育，由此带来了心理上的变化，第二性征的出现给她们的心理造成了一些冲击，她们往往会对此不知所措，因此，她们便会产生浮躁心理与对抗情绪。

第二，除了身体上的发育并趋于成熟外，青春期女孩还渴望独立，希望周围的人把自己看成成年人，因此在面对问题时她们常常呈现一种幼稚的独立性，并未成熟的她们会处在反抗期内。

第三，自我意识的增强、社会上各种新奇事物的冲击也让女孩对很多东西产生兴趣，她们便要通过表现个性、追逐时尚等方式来满足的好奇心。

另外，很多其他因素，例如，社会和家庭教育的一些不足，也成为女孩叛逆的源头。此外，女孩如今面临的各种压力，如学习压力以及生活中的无聊情绪等，也是叛逆心理产生的"沃土"。

的确，青春期的女孩是叛逆的，她们觉得谁都不了解自己，很多事宁愿找个陌生人说，也不想询问自己的父母，因为父母常常摆着一副家长的架子。如果你想在青春期和父母有一定沟通、交流的话，应该自己主动点，学会向父母示弱。示弱是实现平等沟通的前提。

具体来说，你应该这样做。

（1）你可以告诉父母你已经长大，有一定的担当能力。你应告诉父母，你已经是一个完整的、独立的个体，而不是小时候那个可爱的小孩子，虽然你还处在成长的阶段，但已经具备一定的解决问题的能力。向父母表明你的想法，一般来说，父母会接受的。

（2）参与家庭计划的制订。你已经不是个小孩子了，长大意味着责任，你可以主动向父母要求参与家庭计划的制订，如果你能给出合理的建议，父母一定会看到你的能力。

（3）遇到难题时，询问父母的意见。慢慢长大的你一定会遭遇青春期，遇到很多棘手的问题，向父母咨询，不但能帮你解决问题，还能加深和父母之间的感情。

（4）学会理解父母的情绪。有时候，父母难免会遇到一些工作和生活上的烦恼，可能会对你发泄了不良情绪，作为女儿的你，要学会理解他们，切忌火上浇油、自乱阵脚。当父母受到委屈的时候，你也可以给他们安慰，给他们鼓励，在和谐的亲子交流中，他们也会看到你的成长。

的确，青春期的你，是渴望倾诉的，渴望得到父母的理解，但你也应该向父母敞开心扉，真正把他们当作朋友，实现平等的沟通。

我是个自卑胆小的女孩

很多青春期女孩的心里都住着一个魔鬼——自卑，通常来说，我们认为，那些自卑胆小的女孩会更温顺、更听话，但事实上往往相反，每个青春期的女孩都是敏感的，但那些自信、情绪外显的女孩更善于抒发内心的情感，因而懂得自我排解不良情绪；而那些自卑、内向的女孩会把内心的不快郁结在心中，当她们的自卑处被挖掘出来的时候，她们的脾气就会爆发出来，甚至一反常态。

青春期女孩大部分时间都生活在集体中，自然很容易拿自己和周围的朋友、同学相比，当自己的某一方面不如他们的时候，自卑感油然而生，把这种不如人的想法积压在心中，甚至不愿意与朋友、同学相处。因此，她往往很敏感，抱有很大的戒心和敌意，不信任别人，一点也惹不起，芝麻绿豆大的小事也会引发一场轩然大波。

那么，对于青春期的女孩来说，到底什么使得她们自卑、敏感呢？

1. 学习成绩不如人

有些女孩因为学习成绩差而过分自卑，对自己没有信心，经常为自己的成绩或其他方面的不足而苦恼，心理脆弱，有时会因此而离家出走，甚至产生轻生的念头，尤其是在考试前后、作业太多或学习遇到挫折的时候。

2. 家庭条件不如人

有些女孩，家庭条件不好或者来自单亲、离异家庭，她们会认为自己矮人一截，生怕被同学、朋友笑话，时间一长，自卑心理也就产生了。

3. 身体缺陷

其实，每个女孩身上都有无法替代的优点和潜能，你需要的是自我发现并发挥出来，那么，你就能自信起来，以下是一些方法。

想一想：对于挫折，你要换个角度来想，挫折和失败是对人的意志、决心与勇气的锻炼。人是在经过千锤百炼后才成熟起来的，重要的是吸取教训，不犯或少犯重复性的错误。

比一比：与同学、好友相比，这没错，但不能只看到自己的缺点和不如人的地方，你要这样想，我虽说比上不足，但比下有余，及时调整心态，以保持心理平衡。不因小败而失去信心，不因小挫折而伤掉锐气。

走一走：到野外郊游，到深山大川走走，散散心，极目绿野，回归自然，荡涤一下胸中的烦恼，清理一下浑浊的思绪，净化一下心灵的尘埃，找回失去的理智和信心。

的确，亲爱的女儿，如果你总是用消极的心态对待一切事情，那不但什么事情都做不好，而且还会使自己产生无能、绝望的情绪。所以，在日常的生活中，你应该遇事多向积极的方面考虑，用乐观的心态看待一切事情等。当你拥有积极的心态后，往往就能很自然地保持积极的自我情感体验。

情绪不佳时找个适当的发泄方法

青春期女孩在身体的发育和心理的逐渐成熟过程中，在与周围的人相处、交往的过程中，难免发生一些不快，产生一些不良情绪。这些不良情绪，一定要找一个发泄的出口，否则，很容易影响身心健康。

青春期女孩，如果你对什么人、什么事不满，感到不公或者委屈，你不必怒气冲冲地找对方寻求解决之道，而应该学会心平气和地面对，因为过于情绪化，你做出的决定和采取的解决方法往往也是不理智的，也会影响彼此之间的关系，只有冷静下来，才能避免很多不必要的问题。

　　青春期女孩，当你和同学或者朋友产生矛盾、心情压抑的时候，不妨找个倾诉的对象，不要压抑自己，以免时间一长，伤害身心，尤其是那些不善于调节自己情绪的人，她们往往比较内向，经常被一些问题困扰，甚至钻牛角尖，其实这些问题，也许在别人看来，根本不是什么严重的事，而这就需要别人的指点，毕竟不同的人对待同一件事情的看法是不同的，对亲近、信任的人一吐为快后，可能你就会茅塞顿开、豁然开朗。还有一些时候，对于你来说是耿耿于怀、难以气平的事，而别人却完全不了解、不体会。于是，有些人以为，对于这种情况，没必要对人吐露心声，实际上则不然，因为，即使对方不理解，但你已经倒出了自己的苦恼，也会感到舒服和轻松。当然，别人的理解、关怀、同情和鼓励，是心理上的极大安慰，尤其是遇到人生的不幸或严重的疾病，更需要别人的开导和安慰。

　　另外，心情不快的时候，也可以投身大自然中，移情自然，从而忘掉烦恼。

　　大自然的景色，能扩大胸怀，愉悦身心，陶冶情操。当你融入大自然后，你会发现自然的雄伟，一切不愉快在自然面前都显得渺小，你的心情自然会好很多。到大自然中去走一走，对于调节人的心理有很好的效果。

　　所以，青春期女孩，当你心情不好、无人倾诉的时候，不妨多接触自然，走出家门，到环境优美、空气宜人的花园、郊外，甚至是农村的田园小路上去走一走，舒缓一下心绪，去除一些烦恼，不要一个人关在屋子里生闷气，苦恼自己。

　　亲爱的女儿，到了青春期，无论身心，你都应该成熟了，不要让自己被那些不快的事压抑心情，应该找个恰当的方法宣泄，而不是依然幼稚地拒绝交流、拒绝沟通、拒绝师长的帮助，与他们对抗。成熟的标志之一是懂得用正确的方法处理自己的问题。亲爱的女儿，妈妈希望你也可以学会处理自己的情绪问题，成长是一个漫长的过程，需要自己面对。

参考文献

［1］峣帝.10~18岁青春叛逆期，父母送给女孩的枕边书[M].北京：中国纺织出版社，2016.

［2］沧浪.妈妈说给青春期女儿的悄悄话[M].北京：中国妇女出版社，2011.

［3］冯爱武.10～16岁叛逆期，父母送给青春期女孩最好的礼物[M].北京：北京理工大学出版社，2016.

［4］子晨.陪女孩走过青春叛逆期[M].北京：北京理工大学出版社，2016.